AF619669

A LA MÉMOIRE

DE

M. PIERRE-JOSEPH DOLLÉ

CURÉ-DOYEN DE BAPAUME

CHANOINE DE LA CATHÉDRALE D'ARRAS

VICAIRE GÉNÉRAL HONORAIRE ET CHANOINE DE LUÇON

Ne quid falsi dicere audeat ; deinde ne quid veri non audeat.

LEO XIII.

LA PREMIÈRE ENFANCE

Créquy est un village situé à quelque distance de Fruges ; il ne fut pas sans gloire dans le passé, il n'est pas sans importance dans le présent.

C'est là, au hameau le Préhédré, que naquit, le 17 décembre 1834, Pierre-Joseph Dollé. Il fut baptisé, le même jour, par M. Philippe Delattre, curé de la paroisse ; son parrain fut Charles-Léon-Toussaint, son frère ; et sa marraine, Eugénie Dollé, sa cousine germaine.

Ses parents, Jacques Dollé et Clémentine Courtin, jouissaient d'une honnête aisance, et, ce qui est mieux, étaient l'objet de l'estime générale dans tout le pays. Aujourd'hui encore, malgré les années écoulées, le nom du père est resté comme celui d'un modèle de probité et de charité. La mère appartenait à une famille qui avait fourni plusieurs prêtres au service des autels ; c'était l'une de ces femmes fortes dont Dieu se sert pour préparer ses élus.

De bonne heure, les parents avaient formé leurs projets d'avenir. Pierre était destiné à aider son père dans son commerce de bestiaux et dans son état de boucher ; à peine âgé de sept à huit ans, il se jouait déjà avec les chiffres et étonnait tout son monde par sa sagacité à débrouiller les calculs qui, dans nos campagnes, se font ordinairement de mémoire et sans recourir au papier. Rien de ce qui concerne la boucherie ne lui était étranger, et, quand les clients arrrêtaient leurs regards étonnés sur ce précoce apprenti de commerce, le père aimait à dire avec un légitime orgueil : « Celui-là, c'est le mien. »

Dans les plans paternels, Dieu avait aussi le sien. C'était un enfant plus âgé que Pierre, qui avait attiré l'attention de son oncle, M. l'abbé Courtin, alors curé de Rollancourt, au doyenné de Fillièvres, par son intelligence ouverte et ses heureuses qualités morales. On le destinait aux études latines et on nourrissait l'espoir de le voir un jour monter à l'autel. Mais les desseins de Dieu ne sont pas ceux des hommes, et, si cet enfant était spécialement appelé à le glorifier, ce n'était pas dans les combats préliminaires de cette terre, mais dans les joies immédiates du ciel. Il fut soudainement attaqué d'une maladie violente et ravi, à l'âge de onze ans, à l'affection de sa famille et aux espérances de M. Courtin.

Durant plusieurs mois, le silence régna autour de cette tombe prématurément ouverte et arrosée de bien des larmes. Puis, bientôt, la rumeur publique désigna Pierre comme l'héritier de son frère dans le service des autels, et voici à quelle occasion.

Le dimanche matin était annoncé, dans la famille Dollé, par l'apparition de la grande marmite au bouillon. C'était en quelque sorte le réservoir de la charité, auquel étaient admis à puiser, ce jour-là, les pauvres du quartier et les malades du village. Le moment solennel de la distribution venu, on pouvait voir le petit Pierre qui se dissimulait derrière sa bonne mère, la tiraillait doucement et lui glissait ces mots à l'oreille : « Maman, donne aussi un peu de viande à ces pauvres : du bouillon, c'est si peu de chose ; tu feras nos parts un peu moins fortes et tout le monde sera content. » C'était déjà, on le voit, ce cœur généreux, si sensible aux privations de ses semblables et s'inscrivant toujours le dernier sur la liste des nécessiteux. Les pauvres, qui avaient remarqué la manœuvre, disaient souvent, quand ils se retiraient, emportant double ration : « Vous verrez que le bon Dieu prendra Pierre pour en faire un curé.

Un jour, M. l'abbé Courtin arriva à Créquy, et, après quelques paroles échangées avec ses parents, il aborda résolument son beau-frère, en lui disant : « Il me faut Pierre. » Ce mot fit bondir le père Dollé et lui arracha un « Jamais ! » formulé d'un ton bref qui n'admettait guère de réplique. Pourtant, M. le curé de Rollancourt revint à la charge ; mais toutes ses instances se heurtèrent toujours à l'implacable « jamais. » La lutte dura plusieurs mois. A la fin, le bon Dieu, qui sait subjuguer, quand il lui plait, les volontés les plus rebelles, fit pencher la victoire du côté du prêtre; et, dans la crainte qu'un revirement soudain ne l'obligeât à livrer de nouveaux assauts, celui-ci emmena son neveu, le jour même, au presbytère de Rollancourt. « Vous m'enlevez ma joie et mes espérances, » dit le père Dollé, les larmes aux yeux, en voyant partir son enfant de prédilection.

Pierre Dollé passa trois ans à Rollancourt et y laissa les plus précieux souvenirs. On n'a pas oublié certaines scènes qui se passèrent à la porte du presbytère où Pierre était toujours l'avocat des pauvres. On l'a entendu qui disait : « Donnez mon dîner ; je mange volontiers du pain sec ; c'est bon et ça blanchit les dents. » M. le curé modérait cette générosité; mais il bénissait Dieu de ces heureuses dispositions et il était fier d'avoir été l'instrument de la Providence pour signaler et développer une vocation qui s'annonçait sous de si heureux présages.

C'est à Rollancourt que Pierre fit sa première communion ; il l'emportait déjà sur tous ses compagnons en science et en piété ; désormais, il avait tout à gagner à suivre les cours réguliers du Petit-Séminaire d'Arras, et son oncle ne tarda pas plus longtemps à l'y faire entrer.

LE PETIT-SÉMINAIRE D'ARRAS

Au Petit-Séminaire, où il arriva en cinquième, Pierre Dollé fut constamment un modèle pour ses condisciples, au témoignage du plus autorisé d'entre eux. La générosité était déjà le caractère de sa vertu et le trait qui le distinguait des autres.

Sa générosité envers Dieu est restée, dans le plus grand nombre de ses manifestations, le secret de son cœur et la source abondante de ses mérites pour le ciel.

A l'égard de ses condisciples, elle se faisait davantage remarquer. Un seul trait, pourtant, suffira à nous montrer tout ce dont le jeune séminariste était capable.

C'était en rhétorique : Pierre Dollé, comme on le voit souvent chez les natures heureusement douées, se développait davantage, à mesure que le champ des études s'étendait et que leur objet devenait plus élevé et plus attrayant. Il arrivait à la tête de sa classe ; ses aptitudes spéciales pour les mathématiques augmentaient ses avantages et lui faisaient entrevoir, pour la fin de l'année scolaire, la perspective d'une récompense qu'il n'avait pas encore obtenue : le premier prix d'excellence.

Mais dans ces luttes pacifiques comme dans les plus sanglantes, la victoire de l'un ne va pas sans la défaite de l'autre. Or, ici, le vaincu devait être un ami, et la générosité de Pierre Dollé ne pouvait s'accommoder d'un triomphe acheté à ce prix.

D'abord, comme son rival devait son infériorité au peu d'ouverture qu'il avait pour les mathématiques, Pierre Dollé se fit son répétiteur aux heures de récréation, et ses explications, ajoutées à celles du maître, aplanirent bien des difficultés : des progrès furent réalisés, des places furent gagnées.

Mais cela n'aurait pas suffi, et Pierre Dollé eut recours à un moyen plus efficace. A dessein, il manqua une composition décisive, et, cette fois, les places qu'il perdit lui-même achevèrent ce qu'avaient commencé les places gagnées par son ami. Le prix d'excellence lui échappait, et il était accordé au lauréat des années précédentes.

Que ne faisait pas présager un semblable début ? Quelles amitiés ne devait pas susciter et rendre durables un oubli si complet de soi-même ?

Pierre Dollé n'accordait pas moins à ses supérieurs qu'à ses condisciples ; mais, en retour, il attendait beaucoup d'eux, car il avait une très haute idée de l'autorité, des talents et des qualités qu'elle suppose, du dévouement qu'elle exige. Quand les hommes ou les choses ne répondaient pas à son attente, loin de cacher sa déception, il l'exprimait tout haut et assez vertement. Son regard clairvoyant était rarement en défaut, et l'on peut retrouver, dans certaines positions élevées, quelques-uns de ses maîtres : ils sont bien tels qu'il les caractérisait.

En 1851, à l'âge de dix-sept ans, sa vocation subit une crise décisive. Il reçut inopinément une lettre de sa famille qui le mandait en toute hâte près de son père mourant. Il partit aussitôt, avec l'agrément de ses supérieurs, et prit la diligence d'Arras à Saint-Pol, où il n'arriva qu'assez tard dans l'après-midi. Là, ne rencontrant pas la voiture envoyée pour le prendre, il part résolument à pied, franchit en toute hâte, et souvent en courant, les vingt-cinq kilomètres qui le séparaient de Créquy, et, vers minuit, arrive haletant au seuil paternel. « Mon père ! mon père ! » s'écrie-t-il, en devinant son malheur au premier coup d'œil ; et, avant qu'on ait eu le temps de l'arrêter, il s'élance dans la chambre funèbre, étreint avec transport le corps glacé de ce père qu'il aimait tant, et, pendant plus d'un quart d'heure, tient son visage collé sur la figure de celui qui, quelques heures auparavant, demandait, comme suprême consolation de la terre, de voir encore une fois son bien-aimé Pierre. Lorsqu'on l'arracha à cette étreinte douloureuse, il avait perdu connaissance, et, s'il fallut plusieurs heures de soins pour le rappeler à lui, il fallut plusieurs mois de ménagements pour remettre sa santé, fortement ébranlée par les déchirements du cœur, autant que par les fatigues d'une marche forcée.

Le jour des funérailles, les amis venus en grand nombre, jusque des villages voisins, pour rendre un dernier hommage à l'homme loyal et au père chrétien, voulurent apporter une parole de consolation à la veuve désolée : « Il faut garder Pierre, étaient-ils unanimes à dire ; il est intelligent et possède tout ce qu'il faut pour continuer le commerce de son père et faire prospérer votre maison. » Il y avait, en effet, une position acquise et un courant d'affaires qu'il importait de ne pas abandonner. La mère partageait l'avis des amis, mais elle ne voulait pas contrarier son fils. M. l'abbé Courtin se trouvait dans une situation trop délicate pour intervenir. Pierre ne disait rien, et, quand on l'interrogeait, on obtenait invariablement cette réponse : « J'attends que le bon Dieu décide lui-même la question. » Et il priait.

Le secours du ciel ne lui fit pas défaut, et, après quelque temps d'indécision, il sortit triomphant de l'épreuve et rentra au Séminaire. C'est ainsi que les vocations les plus solides sont traversées par des difficultés qui font briller les desseins de Dieu d'une manière éclatante.

Bientôt le jeune abbé Dollé vit s'offrir à lui le Grand-Séminaire avec son indispensable formation et son empreinte ineffaçable. En ces temps déjà lointains, l'expérience s'asseyait, dans les chaires de cet établissement, à côté du talent et de la science. C'eût donc été tout profit pour l'intelligence si vive, pour les aptitudes si heureuses et si variées du jeune ecclésiastique, s'il avait suivi la voie commune et était venu s'asseoir, quelques années, au pied de ces chaires. Mais, cette fois encore, la générosité de son cœur lui fit oublier son propre intérêt, pour ne penser qu'à des maîtres qui réclamaient déjà son concours. A peine sorti des bans, on le conviait à monter dans une chaire : si c'eût été un honneur qu'on lui eût offert, il l'eût décliné ; c'était un sacrifice qu'on lui demandait, il l'accepta résolûment. En mesura-t-il toute l'étendue sur le moment ?

C'est assez l'ordinaire que non. Plus tard, il sentit vivement le détriment qu'il avait subi et se fit un devoir d'éviter semblables regrets à ceux dont il avait la direction.

C'est en octobre 1856, croyons-nous, que M. l'abbé Dollé commença son professorat; il l'exerça tout entier au Petit-Séminaire d'Arras, où il avait fait ses études, et ne s'absenta que peu de temps pour suppléer un professeur à l'institution libre de Marcq-en-Barœul, près Lille. Il enseigna les mathématiques élémentaires, comprenant l'arithmétique, la géométrie, l'algèbre, et les sciences naturelles et cosmographiques, aux élèves des classes de quatrième, troisième, seconde et rhétorique: c'était une moyenne de 130 élèves qui recevaient ses leçons chaque année. A cette besogne déjà considérable, il joignait la part de surveillance (1) dévolue à chaque professeur, dans la Société de Saint-Bertin, l'enseignement du catéchisme, le soin spirituel des domestiques; il devait ajouter encore l'étude de la théologie, car, en renonçant au bénéfice du Grand-Séminaire, il avait accepté de mener de front ces deux choses, dont une seule suffit à occuper tous les instants et à absorber toute l'attention des mieux doués, un professorat important et la préparation aux saints ordres. On ne s'étonnera pas si sa constitution, qui était robuste, reçut là son premier ébranlement, et si c'est à cette époque qu'il faut faire remonter ces migraines qui accusaient la faiblesse et le trouble de l'estomac.

Que de fois il sortit de classe la tête en feu! Mais aussi quelle ardeur il apportait à son enseignement; quelle chaleur il versait à profusion sur ces choses si froides qui s'appellent les mathématiques! La clarté d'une proposition mise en évidence, la belle ordonnance d'une démonstration, la marche progressive des déductions semblaient lui causer un ébranlement qu'il aurait voulu faire partager. A tout le moins, il voulait, ou plutôt il fallait que l'on comprît. Quand l'un des meilleurs élèves de la classe avait, pour donner la preuve de son travail, achevé, d'une manière plus ou moins heureuse, une démonstration, le

(1) La surveillance unie à la classe est spéciale à la Société de Saint-Bertin et ne se retrouve presque nulle part ailleurs.

professeur la reprenait ; il distinguait soigneusement le point de départ ou l'hypothèse, le point d'arrivée ou la proposition à démontrer ; puis il s'appliquait à faire saisir la suite des raisonnements, l'enchaînement des déductions, jusqu'à ce qu'il arrivât à la conclusion. Alors, se retournant vers son auditoire, il avisait, parmi les élèves studieux, une figure soucieuse, un front assombri : « Voyons, M......, — nous pourrions rappeler des noms — avez-vous compris ? — Non, Monsieur. » Et le professeur de demander à quel point de la démonstration s'élevaient les nuages ; puis de s'évertuer à les dissiper par des rapprochements, des comparaisons, ou une nouvelle forme donnée au raisonnement. C'était ensuite le tour des nonchalants, des paresseux, que le professeur poursuivait jusque dans leurs derniers retranchements. Et tout cela était entremêlé de saillies, de traits de bonne humeur, qui épanouissaient les fronts et dilataient les cœurs. Aussi les élèves étaient-ils pleins d'une véritable affection pour leur maître et ils se montraient heureux de la lui témoigner, quand s'en offrait l'occasion.

A l'une de ses fêtes, la Saint-Pierre, on venait de lui adresser, dans une classe, un compliment des mieux tournés. Stimulé par la délicatesse de ces sentiments de reconnaissance et servi aussi par les circonstances, M. Dollé répondit en substance : « Je viens de lire au bréviaire, dans l'office même de mon saint patron, ces paroles prononcées par saint Pierre : « *Argentum et aurum non est mihi ; quod autem habeo, hoc tibi do.* » Et moi, non plus, je n'ai ni or ni argent ; mais tout ce que j'ai, je vous le donne. Mon temps, mon intelligence, mon cœur, mes forces, tout est à vous. » Et tous savaient à l'avance que c'était profondément vrai.

Le don de soi-même, sous toutes les formes, c'était toute sa vie au Petit-Séminaire.

L'un de ses confrères, celui qui devait monter un jour sur le siège épiscopal de Luçon, eut besoin de temps, aux approches de son ordination sacerdotale, pour achever sa préparation. M. Dollé s'offrit à prendre une partie de sa besogne, et, pendant trois mois, il fit, à la satisfaction générale, des conférences religieuses aux élèves des classes supérieures, seconde, rhétorique et philosophie.

D'argent, il pouvait dire qu'il n'en avait point. Il dépensait et donnait, toujours sans compter ; son maigre traitement (1) de professeur ne durait guère ; il lui coulait, comme l'eau, entre les doigts ; heureusement que les vacances revenaient à point nommé et donnaient à sa mère .l'occasion de lui garnir son porte-monnaie.

Il y avait aux abords du Petit-Séminaire un vieux petit bonhomme, affublé des débris d'un uniforme militaire, qui était le pauvre de M. Dollé. Il nous semble encore le voir venir sous les fenêtres et présenter son bonnet de police pour recevoir de quoi renouveler sa provision de tabac. Il n'essuyait jamais de refus, car il s'adressait à un cœur qui ne se bornait pas à procurer le strict nécessaire à ceux qu'il assistait ; il n'était satisfait que s'il pouvait y ajouter le superflu. Plus tard, à Monchy, c'est du café qu'il procurera, des années durant, à une femme âgée et infirme ; à Bapaume, c'est encore du tabac qu'il fera distribuer aux vieillards de l'hospice, et la distribution ordinaire, faite un jour d'élections municipales, lui vaudra, dans un procès retentissant, l'admonestation du commissaire du gouvernement au conseil de préfecture.

La grâce de l'ordination, on le pense bien, affermissait et développait encore ces heureuses dispositions. M. Dollé reçut les saints ordres dans le cours des années 1857, 1858 et 1859, et c'est le 17 décembre de cette dernière année, au jour anniversaire de sa naissance et de son baptême, qu'il fut promu au sacerdoce. A partir de cette époque, il put montrer tout ce qu'il avait de talent pour la chaire.

Dans l'enseignement des sciences naturelles et cosmographiques, il savait profiter de toutes les occasions pour élever l'esprit et le cœur de ses élèves, du spectacle des œuvres de la nature à la connaissance et à l'amour de leur auteur. Dans l'explication du catéchisme aux élèves ou dans les instructions familières adressées aux domestiques, il apportait la netteté et la

(1) On ignore généralement que les honoraires d'un professeur ecclésiastique sont de 500 francs, avec lesquels il lui faut se chauffer, se vêtir, acheter des livres, payer ses voyages et faire l'aumône.

précision qui étaient les traits caractéristiques de son intelligence. Dans la chaire chrétienne, il se distingua, dès le début, par le caractère pratique de son enseignement et par un ensemble de qualités qui atteignaient à l'éloquence.

Au Petit-Séminaire, il ne prêcha qu'à des intervalles assez éloignés et pour quelque fête ou circonstance exceptionnelle. C'est ainsi qu'il prononça le sermon de prémices à la première messe de cet ami de rhétorique auquel il avait fait le sacrifice de son prix d'excellence ; ce discours fit sur tous les auditeurs une vive et salutaire impression. On a retrouvé, parmi ses papiers, le texte, d'une écriture fine, vraie patte de mouche, sur papier déjà jauni, de deux instructions bien différentes. Il y a une de ces méditations que l'on adressait, le dimanche matin, à tous les élèves du Petit-Séminaire réunis à la chapelle : il leur parle affectueusement, et les presse de reprendre les résolutions de la retraite, que l'on abandonne davantage à mesure que le temps en éloigne ; il détruit tous les prétextes imaginés pour s'autoriser à ne rien faire, et exhorte ses jeunes auditeurs à être des hommes de cœur, d'énergie et de volonté. L'autre est une *Passion,* la première que M. Dollé ait prononcée. C'est une œuvre de longue haleine, dont nous voulons donner quelques extraits, parce que, mieux que ce que nous pourrions dire, ils montreront la manière du prédicateur.

Commentant la parole du Sauveur au jardin des Olives : « *Pater mi, si possibile est, transeat a me calix iste.* Mon père, si c'est possible, que ce calice s'éloigne de moi ! » il s'exprime ainsi :

« O paroles étonnantes ! Quoi ! si c'est possible ! Mais, ô Christ, mon maître, n'est-ce point vous qui ressuscitiez les morts, qui guérissiez les malades, qui rendiez la vue aux aveugles ? Vos paroles étaient alors des paroles de commandement : « *Volo mundare ;* je le veux, sois guéri. *Tibi dico surge;* je te l'ordonne, lève-toi. » Et maintenant, vous priez, vous dites : « Si c'est possible...! »

« Que ce calice s'éloigne de moi », ajoutez-vous. Mais les martyrs bondiront de joie au milieu des lions et des tigres ; mais ils riront de la mort ; mais ils ont entonné déjà des cantiques d'actions de grâces, au milieu des fournaises ardentes.

Mais il est de la dignité humaine d'envisager les supplices et la mort avec un noble courage.

« Pour quoi donc cette prière : « *Transeat a me calix iste !* » Qui nous expliquera ce mystère ?

« Ah ! c'est que le Christ Sauveur, au jour de ses miracles, était en la compagnie de son père ; le Verbe éternel parlait par la bouche de l'homme. Mais, en ce moment, sa divinité s'est, pour ainsi dire, retirée en elle-même, permettant aux puissances inférieures de l'âme de prendre le dessus ; son père s'est éloigné de lui et l'a abandonné..... »

Voici maintenant la conclusion qui résume parfaitement tout le discours et en indique la pensée maîtresse :

« Ainsi, Mes Enfants, cette victime que nous contemplons morte sur ce gibet, c'est le fils du Tout-Puissant, la parole increéée, le verbe substantiel, la sagesse du Père ; c'est celui dont la naissance se perd dans les profondeurs de l'éternité, qui n'a point été fait et par lequel tout a été fait ; c'est celui qui a jeté les mondes dans l'espace et qui a dit au temps : « Je le juge bon, commence ! »

« Ah ! Mes Enfants, prosternés aux pieds de cette victime trois fois grande et trois fois sainte, immolée par la colère de Dieu pour expier nos péchés et sauver nos âmes, comprenez-vous ce que c'est que Dieu, ce que c'est que le péché, ce que c'est que votre âme ?

« Dieu ! c'est l'être pour la gloire duquel il a fallu les anéantissements, les humiliations, les souffrances et la mort d'un Homme-Dieu !

« Le péché ! c'est un mal si grand que, pour son expiation, il a fallu qu'un Dieu se fît anathème et devint un sujet de malédiction.

« Votre âme, c'est le prix de tout le sang de J.-C. ; pour elle, un Homme-Dieu n'a pas cru trop faire que de se sacrifier lui-même.

« Et maintenant que vous avez médité en J.-C. tant et de si profondes douleurs, comprenez-vous aussi ce que c'est que l'enfer ? Ce Sauveur ne vous fait-il pas descendre au fond des brûlants abîmes pour en mesurer toute l'étendue, quand il dit aux filles de Jérusalem : « *Nolite flere super me, sed super vos ipsas flete!* » Ce n'est pas sur moi qu'il faut pleurer, mais sur vous. Car, ajoute-t-il, si la justice de mon père traite ainsi un Dieu innocent, couvert seulement du voile du péché, comment traitera-t-elle une indigne créature, qui a avalé l'iniquité comme l'eau, qui s'est roulée dans toutes sortes de péchés, qui s'est identifiée avec lui ? « *Si in viridi ligno hæc faciunt, in arido quid fiet ?* »

« Or ça donc, ô péché ! de quelque nom que tu te nommes, impureté, gourmandise, orgueil, paresse, envie ; viens que je te confronte avec toutes ces grandes choses. Voilà le Dieu que tu offenses, l'Homme-Dieu que tu crucifies, l'âme que tu fais mourir, l'enfer que tu mérites ! Désormais, oserais-tu paraître encore devant moi ?

« O Sauveur Jésus, en serait-il encore un seul dans cet auditoire qui, à cette heure, préférât à votre sang, à son Dieu, à son âme, les jouissances passagères du péché, et, avec elles, les éternels châtiments de l'enfer ? En serait-il encore un seul qui ne fût pas disposé à mettre à profit vos douleurs, à repousser tout péché, à quitter toute habitude mauvaise ? Ah ! s'il en est un seul, sur ce juif d'une nouvelle espèce, que votre sang retombe.....

« Mais qu'allais-je dire ? Pardonnez, ô Maître, à l'entraînement de mon zèle. Vous le savez, votre sang est de ces remèdes qui tuent s'ils ne guérissent ; qu'il retombe donc sur son cœur, ce sang précieux, mais pour en amollir la dureté ; qu'il retombe sur son intelligence, mais pour l'éclairer des lumières de la grâce ; qu'il retombe sur sa volonté, mais pour la guérir et la fortifier.

« Que votre sang retombe aussi sur chacun de ces bien-aimés enfants pour les fortifier contre les entraînements de la chair, la fougue de la jeunesse et les scandales du monde ; enfin, qu'il retombe sur eux pour les marquer du caractère sacré qui fait vos élus. Ainsi soit-il. »

Pour achever de faire connaître M. Dollé tel qu'il fut au Petit-Séminaire, il reste à dire un mot de l'indépendance de son esprit. Si l'on obtenait de lui tous les sacrifices, en faisant appel à son cœur, on ne soumettait son intelligence qu'en la payant de bonnes raisons.

Il n'y a pas d'enseignement possible, il le reconnaissait, si le disciple n'ajoute foi à la parole du maître ; il disait donc avec S. Augustin : « *Discentem oportet credere ;* » mais il se hâtait d'ajouter : « *Doctum expendere.* » Et comme il appuyait son propre enseignement des meilleures raisons, il exigeait, pour donner l'adhésion de son intelligence, qu'on lui apportât des preuves solides et irréfutables. L'à peu près ne le satisfaisait pas ; l'autorité d'un nom, si grande fût-elle, faisait sur lui peu d'impression. Il partait de la maxime d'Horace :

« *Nullius addictus jurare in verba magistri* »

et se conformait à la pratique recommandée par S. Paul : *Omnia probate ; quod bonum est tenete.* » (1 Thess. v, 21).

Avec cette indépendance d'esprit, on le conçoit sans peine, M. Dollé devait ne partager pas toujours les vues de ceux qui l'entouraient, voire de ses supérieurs. Nous n'en donnerons qu'un exemple, la question du noviciat de Saint-Bertin.

La société de ce nom, récemment constituée et encore en train de s'organiser, se hâtait de pourvoir à son recrutement en établissant un noviciat. Malheureusement, la création qu'elle imagina était aussi anormale qu'elle devait être éphémère. Que le prêtre ajoute, à la formation et aux études du Grand-Séminaire, une formation spéciale et des études particulières qui le rendront apte à une œuvre à part, c'est ce qui se voit tous les jours, et c'est l'œuvre propre des noviciats. Ainsi conçu et exécuté, le noviciat de la société Saint-Bertin pouvait avoir sa raison d'être. Mais tout autre était le but qu'on se proposait. On voulait gagner du temps, en faisant des études théologiques plus rapides, sinon moins étendues, et arriver plus tôt à tenir une place dans une maison d'éducation ; mais on ne se préoccupait pas d'approfondir la science que l'on aurait à enseigner, encore moins d'acquérir l'art si difficile de se rendre accessible à de jeunes intelligences, ou, comme on dit ordinairement, de faire la classe.

Est-il besoin de dire qu'une telle conception n'obtint pas les suffrages de M. Dollé ? Au risque de déplaire, il le dit tout haut, et, conformant ses actes à ses convictions, il ouvrit d'autres voies aux jeunes gens dont il avait la direction.

On était en 1862. Il y avait six ans que M. Dollé se donnait sans compter aux rudes labeurs du professorat. Sa santé ébranlée s'accommodait moins du régime de la communauté, et son activité semblait réclamer un champ plus vaste que les limites, nécessairement restreintes, d'une maison d'éducation.

D'autre part, il y avait ce vieil oncle près duquel Pierre Dollé avait commencé ses études latines, qui avait dû prendre sa retraite et allait voir ses derniers jours abandonnés aux soins mercenaires, et peut-être aux exigences despotiques d'une servante ; il y avait sa mère qui avançait en âge ; il y avait une sœur qui venait de subir le délaissement d'un veuvage prématuré.

C'était plus qu'il n'en fallait pour décider M. Dollé à entrer dans le ministère paroissial. Il fit part de ses vues à ses supérieurs, et, au commencement des vacances de 1862, il fut nommé curé de Monchy-Cayeux.

MONCHY-CAYEUX

Monchy-Cayeux est une paroisse de quatre cents âmes, située dans la vallée qu'arrose la Ternoise, entre Anvin et Wavrans ; elle a pour annexe Fleury, placé sur une hauteur, à près de trois kilomètres, et comptant environ deux cents habitants. Dans ces conditions, le service religieux ne peut qu'être pénible.

A son arrivée, M. Dollé trouva un toit sous lequel abriter sa famille ; il put même donner à son vieil oncle la facilité de dire la messe dans une chapelle particulière, au presbytère ; ce bâtiment, de construction récente, était bien aménagé et suffisamment spacieux.

C'était tout ce que la paroisse offrait d'avantageux ; le reste était à faire. Il y avait des écoles, mais elles étaient mixtes ; des églises, mais elles étaient ou à reconstruire ou à restaurer; la paroisse passait pour très mauvaise non moins que son annexe.

Le nouveau curé se mit résolûment à l'œuvre, et commença le travail long et très pénible de la rénovation spirituelle. En même temps, il s'occupait de l'église de Monchy.

Le clocher élevé dans la toiture, entre la nef et l'avant-chœur, oscillait d'une manière très sensible, quand on mettait la cloche en branle, et faisait redouter plus que des dégâts matériels, parce que les hommes prenaient place en cet endroit durant les offices. Il fallait une sacristie : elle avait été prescrite par Mgr Parisis, dans sa tournée pastorale du 15 mai 1854, et reconnue nécessaire par une délibération du conseil de Fabrique, en date du 16 mars 1856. Si l'on ajoute à cela, que les portes et fenêtres tombaient de vétusté et exigeaient une restauration complète, que le mobilier était indigne du culte, on s'expliquera facilement qu'un architecte, consulté dès avant l'arrivée de M. Dollé, eût évalué à la somme de douze mille francs, les frais des réparations et reconstructions indispensables.

Mais, à quoi bon dépenser une somme si considérable, pour restaurer une construction qui n'avait aucun style et ne ressemblait en rien à un édifice religieux ? Voilà ce que se dit le nouveau curé ; et il s'efforça de faire partager sa pensée.

Il faisait remarquer que l'église, humide par elle-même, était située sur un sol que le voisinage de la Ternoise imprégnait constamment d'eau et que l'administration civile avait déclaré impropre à la construction du presbytère et de l'école. Il signalait le grave inconvénient que présentait, à la grande majorité des habitants et surtout aux jeunes enfants, sa situation à l'extrémité du village, à près d'un kilomètre du presbytère et de l'école. Si du moins l'accès en eût été facile, peut-être aurait-on pu prendre son parti de la distance ; mais on ne pouvait y arriver par aucun chemin empierré, et, des deux sentiers qui y conduisaient, le plus fréquenté longeait le cours de la Ternoise.

Il faut dire à l'éloge du conseil de Fabrique, du conseil municipal et de la majorité des habitants, qu'ils saisirent la valeur de ces raisons. Il n'y eut qu'une légère opposition, et elle vint d'un de ces pédants de village qui ne voulait pas que le déplacement de l'église fût une satisfaction donnée, comme il disait, « aux beaux yeux de la comtesse. » Au mois d'août 1864, le conseil de Fabrique votait la reconstruction de l'église sur un terrain placé au centre du village, entre l'école et le presbytère, terrain donné par Mademoiselle Rozoline d'Hinnisdal et attenant à l'avenue de son château. M. le curé était chargé des mesures à prendre pour atteindre ce but.

Pour profiter des matériaux provenant de la démolition de l'ancienne église et évalués à un peu plus de deux mille francs, il fit élever provisoirement une modeste construction dans la cour du presbytère et l'affecta à la célébration momentanée des offices. Il ne tarda pas à se convaincre qu'il faudrait se passer des secours du gouvernement et se tenir pour satisfait de l'autorisation de construire. La première mise de fonds fut de six mille quatre cents francs, provenant de dons que M. le curé déclarait anonymes et qui étaient, nous le savons, ceux de Mademoiselle d'Hinnisdal et les siens. Encore, à dire vrai, ne s'agissait-il que d'offres, car ils n'étaient en fonds ni l'un ni l'autre : Mademoiselle d'Hinnisdal, parce qu'elle achevait à peine les fondations de Ferfay ; M. le curé, parce que ses ressources étaient beaucoup plus restreintes. Heureusement, M. Dollé s'était fait des amis. Il leur demanda de lui avancer les sommes qu'il tiendrait plus tard de la libéralité de Mademoiselle d'Hinnisdal ou qu'il comptait prendre sur ses propres ressources pour les consacrer à la reconstruction de l'église. C'est ainsi que l'on put se mettre à l'œuvre en 1865.

C'étaient les débuts de M. Dollé dans un art qui ne s'improvise pas plus que les autres. Est-il étonnant si, malgré toute son intelligence et son habileté, ils ne furent pas heureux ? Il ne s'était pas rendu un compte exact des dimensions que devait avoir le nouvel édifice pour répondre aux besoins de la population, et les fondations du chœur étaient déjà jetées, quand il s'aperçut que le vaisseau de l'église, exécuté sur les proportions adoptées, ne serait pas suffisamment vaste. Force fut de recommencer, de modifier toutes les mesures et surtout de faire un nouvel appel à la générosité de Mademoiselle d'Hinnisdal, qui s'y prêta du reste de la meilleure grâce.

Sous la surveillance active et incessante de M. le curé, les travaux furent exécutés avec soin et poussés assez activement ; en moins de quinze mois, on vit s'élever la gracieuse petite église, due aux plans de M. Normand. « Le chœur, le mur, la tour, excepté la flèche, lisons-nous dans l'Annuaire de M. Robitaille, année 1867, sont en pierre du pays, de moyen appareil. Sa nef unique, coupée dans le haut par deux chapelles, forme une croix latine. Le style est celui du XIIIe siècle, simple dans la nef, assez ornementé dans le chœur enrichi d'une série d'arcatures. Le dessous de la tour a fourni le moyen de placer au portail une vaste tribune, avec son escalier en hélice, pour les enfants, et l'une des chapelles contient l'escalier de la chaire où l'on arrive par le dossier, de manière à ne pas embarrasser la nef. » L'autre chapelle, dans laquelle on a accès de l'extérieur et qui est séparée de la nef par une grille, était réservée à l'insigne bienfaitrice de l'église qui a pu en jouir quelques années encore et la laisser aux héritiers de ses libéralités comme de de ses vertus, M. le marquis et Mme la marquise de Lévis.

« Les fenêtres étroites, à ogives lancéolées, sont ornées de belles verrières offertes par les habitants de Monchy : elles sont au nombre de dix-sept. » Les dix statues placées dans le pourtour de l'église sont encore un don de leur générosité, avec un lustre et des bannières de la Sainte Vierge et de Saint Nicolas. (1)

C'est le dimanche 11 novembre 1866, que M. Bourse, doyen de Pernes, entouré de plusieurs ecclésiastiques, bénit solennellement le nouveau sanctuaire et adressa des éloges mérités à la généreuse fondatrice, aux paroissiens et au zélé pasteur dont les démarches actives et incessantes avaient obtenu de si précieux résultats.

Restait à pourvoir à l'ameublement de l'église et à son ornementation : ce fut l'œuvre des années suivantes et le fruit des dons de Mademoiselle d'Hinnisdal. En 1867, elle offrait les autels : le principal en pierre, les autres en chêne ; puis la chaire et le confessionnal également en chêne ; le tout, sorti des ate-

(1) Les vitraux ont été donnés :

Derrière le maître-autel, par la famille Boulot-Masclet.
Dans la chapelle de Saint Pierre, par la famille Maillet-Joly.
Dans la chapelle de la Sainte Vierge, par Mlle d'Hinnisdal.

Dans le reste de l'église, par les familles

Douilly-Gournay.
Masse-Part.
Thibaut-Godet.
Abbé Courtin.
Sombret-Lacaille.
Bellinguez-Thibaut.
Defebvin-Williame.
Dussausoy-Bellinguez.
Part-Lavisse.
Lacaille-Robail.
Febvin-Massart.
Jacquart-Malsy.
Gavory-Pohier } réunies.
Gavory-Boitel }

Les statues ont été données :

Saint Pierre, par la famille Lejosne-Lardé.
Sainte Vierge, par Casimir Soudemant.
Sainte Anne, par une famille anonyme.
Saint Roch, par la Veuve Thuilliez.
Sainte Catherine, par Edouard Coutelet.
Saint Firmin, par Firmin Maillet.
Sainte Philomène, par Augustine Caron.
Sainte Apolline, par Léocadie Morel.
Saint Joseph, par Mouchy-Fauquembergue.
Saint Benoît Labre, par Décobert-Part.

liers de M. Buisine, de Lille. En 1870, elle faisait placer une horloge dans le clocher, et, plus tard, elle établira une rente pour en assurer le soin et l'entretien. En 1871, l'église reçoit ses derniers embellissements, et c'est encore un don de six cents francs. Enfin, en 1873, par acte passé devant Me Delalleau, notaire à Heuchin, Mademoiselle d'Hinnisdal accorde, à titre gratuit et à perpétuité, à la fabrique de l'église de Monchy, afin d'en faire jouir le curé de la paroisse, le droit de passage à pied dans l'avenue de son château et sur le chemin de fer. Par suite de l'établissement de la voie ferrée, il y avait, sans cette concession gracieuse, plus d'un kilomètre à parcourir pour aller du presbytère à l'église. Entre temps, on avait élevé, au milieu du cimetière, à la place de l'ancienne église, une chapelle dédiée à Saint Pierre et on y avait placé la même statue qu'avaient vénérée les générations passées.

L'œuvre de la reconstruction de l'église était achevée. On peut évaluer à une vingtaine de mille francs la valeur des dons faits successivement par Mademoiselle d'Hinnisdal ; mais, ce qu'on ne saurait apprécier, c'est la responsabilité assumée à l'origine par M. le curé, ses démarches de tout genre, ses sollicitudes parfois bien vives, la vigilance de tous les instants exercée sur toutes choses, enfin la générosité avec laquelle il se dépensa lui-même, prodigua son temps, épuisa ses ressources, car, pour assurer le succès de cette œuvre, il ne recula devant aucun sacrifice.

L'œuvre était achevée et il n'était que juste de graver cette inscription sur le marbre, dans la sacristie :

Sacrificaturo.
Anno Domini MDCCCLXV
Nobilissima M. A. R. d'Hinnisdal
Et P.-J. Dollé parochiæ rector
Hanc ædificaverunt ecclesiam.
Quorum memoriam in sacrificio dignare facere.

M. Dollé n'avait pas attendu l'achèvement de sa première œuvre pour en entreprendre une seconde. Dès le mois de juillet 1867, il s'abouchait avec les supérieurs des Franciscaines de Calais pour en obtenir des religieuses, car il avait résolu la fondation d'une école de filles. Ce n'est pas qu'il se défiât des instituteurs de Monchy et de Fleury ; non ; comme il le proclama hautement en chaire, dans une circonstance solennelle, il aimait à rendre hommage à la bonne direction des écoles communales, au zèle et au dévouement des instituteurs, et c'est du doux nom d'amis qu'il les saluait, c'est en amis véritables qu'il les traitait ; aujourd'hui encore, ils pourraient en rendre témoignage. Ce qu'il voulait, c'était donner à la jeune fille l'éducation spéciale que réclament sa nature et sa destinée, et lui éviter les conséquences fâcheuses qu'entraine le plus souvent la réunion des deux sexes. Il pensait encore à ce qu'il appellera l'œuvre du dimanche, c'est-à-dire, à la réunion des jeunes filles sous la surveillance des religieuses, pour prendre des délassements honnêtes ; il pensait à la visite des malades pauvres, si délaisssés d'ordinaire, et à l'établissement d'une lingerie mise à leur disposition ; il pensait enfin à la propreté et à la bonne tenue de son église, car il la voulait toujours digne du nom qu'on s'est plu à lui donner, de chapelle de communauté.

Quand M. Dollé vit qu'il pourrait s'entendre avec la congrégation des Franciscaines et en obtenir des religieuses, il entreprit l'œuvre nouvelle. Cette fois encore, Mademoiselle D'Hinnisdal mit à sa disposition un terrain convenable, situé au centre du village, près de l'église et à côté du château ; cette fois encore, elle pourvut, pour la majeure partie, aux frais de construction et d'établissement, qui furent considérables ; cette fois encore, M. Dollé, et parce qu'il voulait faire beau, et parce qu'il craignait d'être à charge à la bienfaitrice attitrée du pays, puisa plus d'une fois dans sa propre bourse et employa une partie de sa fortune personnelle.

Il disposait déjà d'une grande influence sur la paroisse ; nous en avons eu la preuve dans les dons nombreux qu'il obtint pour l'église. Quand il s'agit de l'école, il demanda aux cultivateurs de faire eux-mêmes les charrois des matériaux, et tous accédèrent à ses désirs : Jamais, a-t-il dit à leur éloge, il ne rencontra sur leurs lèvres l'expression d'un refus ; jamais, malgré l'urgence des travaux, il ne lut sur leurs fronts le plus léger mécontentement. Or, il ne voulut pas réaliser une économie de ce chef et il consacra le prix des charrois à l'établissement de la lingerie des pauvres.

La maison d'école, ou plutôt le couvent, car c'est le nom qui paraît avoir prévalu, s'éleva assez rapidement; au prix de quels travaux, de quelles démarches et de quelles fatigues, Dieu seul le sait. A l'extérieur, la construction a son cachet propre qui la distingue de toute autre habitation ; à l'intérieur, la distribution est heureuse ; le local est assez vaste pour recevoir un grand nombre d'enfants et tous les services sont parfaitement assurés.

Par un traité passé le 24 novembre 1869 entre Mademoiselle Marie-Armande-Rozoline d'Hinnisdal et la très honorée mère Françoise de Saint-Jean, dans le monde Elisabeth Nusard, supérieure de la communauté des Franciscaines de Calais, il fut stipulé que ladite communauté maintiendrait dans la commune de Monchy, moyennant un traitement convenu, trois sœurs pour l'instruction des jeunes filles et la visite des malades. Le 9 décembre de la même année, M. Duchenne, supérieur des Franciscaines, amenait quatre religieuses, et leur installation avait lieu, malgré les rigueurs de la saison, au milieu d'un grand concours de peuple. Après la messe célébrée par M. Duchenne, entouré d'une vingtaine de prêtres, M. Dollé monta en chaire. Il eut d'abord à s'excuser d'y paraître, puisqu'en semblable circonstance, on demande ordinairement le concours d'une voix étrangère ; mais sa pensée n'était pas de faire un sermon. Il voulait dire pourquoi a été bâtie cette maison qu'on va bénir, pourquoi sont venues ces saintes filles du séraphique S. François d'Assise, pourquoi Mademoiselle d'Hinnisdal aurait cru n'avoir pas assez fait si, à ses bienfaits déjà fort nombreux, elle n'ajoutait de nouvelles munificences.

« Hélas, ajoutait-il, c'est en vain que nous cherchons tous du regard celle qui devait présider à cette inauguration de son œuvre. Les devoirs de la piété fraternelle l'ont retenue loin de nous (1). »

Pendant une heure, l'orateur tint toute l'assistance sous le charme de sa parole, montrant l'importance de l'éducation chré-

(1) Elle était auprès de son frère mourant.

tienne pour les enfants, d'une éducation spéciale pour les jeunes filles et d'une œuvre comme celle qu'il appelait : l'Œuvre du Dimanche pour assurer leur persévérance. A ce propos il disait : « Il y a sept mois à peine, Mademoiselle d'Hinnisdal expliquait à M. le comte et à Mme la comtesse de Lévis tous les détails de ces nouvelles constructions que nous allons bénir. Arrivés dans l'aile droite de ces nouveaux bâtiments, les deux nobles visiteurs lui demandèrent à quoi devait servir cette pièce dont la structure leur paraissait singulière. Elle répondit : Cette place, mes enfants, c'est la plus importante de la maison. Et si nous n'atteignons pas le but que nous nous sommes proposé en la construisant, ma douleur sera grande et je jugerai que toutes les dépenses que je fais ici ont été presque inutiles. Cette pièce doit servir à l'œuvre du dimanche. Et elle expliqua longuement le but et l'utilité de cette œuvre. Et le neveu et la nièce, dignes de leur tante, dignes aussi de porter l'un des plus beaux noms de France, lui promirent tout leur concours ! »

Il terminait en s'adressant aux religieuses : « Mes Sœurs, à la fin de sa première lettre à son disciple Timothée, S. Paul disait : *Depositum custodi.* Garde, en le faisant fructifier dans la vérité, le dépôt qui a été confié à ta vigilance et à ton zèle.

« Père selon la grâce de ces petites filles bien-aimées, je vous les confie en mon nom et au nom de leurs père et mère selon la nature. *Depositum custodi :* Gardez ce dépôt qui nous est cher comme la vie et faites le fructifier dans la science, dans la vertu, dans l'honneur.

« Nos autres enfants, qui nous sont également chers, resteront confiés à d'autres mains qui ont aussi notre légitime confiance. Le dévouement, le zèle et l'affection de nos instituteurs, se reportant désormais sur un moins grand nombre d'enfants, pourront les mieux préparer aux devoirs de la vie.

« *Depositum custodi :* Gardez le dépôt de nos malades, de nos malades pauvres surtout. Vos soins et vos bonnes paroles adouciront leurs douleurs et diminueront leurs peines.

« *Depositum custodi :* Gardez, avec ceux qui déjà s'en occupent, le dépôt de cette église. Oh ! nous l'aimons aussi cette église ! Chacune de ses pierres a été comme marquée de l'empreinte de nos sueurs et de nos anxiétés. Et puis, elle est la maison de notre Dieu, du Seigneur Jésus.

« Puisse l'auteur de tout don parfait opérer par vos mains, pour cette paroisse qui m'est si chère, tout le bien que votre dévouement ne manquera pas de tenter. Ainsi-soit-il. »

Les religieuses installées dans leur couvent et les bénédictions du ciel appelées sur leur œuvre, il y avait encore à lui donner l'impulsion et M. Dollé ne s'y épargna pas. Il montra toujours la plus grande bonté aux sœurs et mit à leur service le plus complet dévouement ; c'est le témoignage qu'elles s'accordent encore aujourd'hui à lui rendre ; il ne cessa de les encourager, de les soutenir dans les moments difficiles, de les défendre au besoin. Les enfants prirent immédiatement le chemin de l'école et les jeunes filles celui des réunions du dimanche. Pour les attirer et les retenir, M. le Curé leur procura des jeux et consacra encore à cet objet des sommes importantes ; il faisait plus, et souvent, malgré ses nombreuses occupations, il venait aux réunions et s'appliquait à animer les récréations.

Cependant une autre œuvre matérielle le préoccupait encore depuis quelques années : l'église de Fleury se trouvait dans un piteux état et exigeait d'indispensables réparations. Mais comment y faire face pendant les constructions de Monchy, et avec quelles ressources ? M. le Curé employa ce temps à faire réaliser quelques économies dans le budget de la commune et dans celui de la fabrique, en sorte qu'en 1872 on put se mettre à l'œuvre. La charpente fut visitée et réparée, le plafond fait à neuf, les murs grattés ; puis, afin de donner un cachet religieux à un édifice qui jusque-là n'en avait aucun, les fenêtres prirent la forme cintrée et furent ornées de vitraux ; dans l'intervalle qui les sépare, des culs-de-lampe reçurent des statues et au-dessus s'élevèrent des arcades avec clef de voûte ornementée ; des peintures furent faites dans le chœur ; enfin, comme couronnement, un Chemin de Croix fut érigé en 1878. Bref, l'église remise à neuf et brillante de propreté, a reçu tous les embellissements qu'elle comportait, et pourtant la dépense ne s'est pas élevée à deux mille francs ; car, quand il le fallait absolument,

M. Dollé savait viser et atteindre à l'économie. Les deux tiers des frais furent payés concurremment par la commune et par la fabrique ; le reste, à part égale, par M. le Curé et par M. Dusart, maire de la commune.

On le devine assez, pour peu qu'on ait connu M. Dollé, ces œuvres matérielles de construction et de restauration ne détournaient pas son attention du but à atteindre : la rénovation de la paroisse. Il le poursuivait sans relâche et par tous les moyens.

Il commença naturellement par les enfants qui ne tardèrent pas à remarquer sa grande bonté et même son indulgence à leur égard : les gamineries, les espiègleries ne l'inquiétaient pas ; parfois même il était le premier à en rire ; en tout cas, il les excusait, du moment que les enfants étaient sages, recueillis et pieux à l'église ; mais là, il se montrait sévère, et ce n'était pas impunément qu'on s'oubliait dans le lieu consacré à la prière.

Il encourageait beaucoup les jeux. S'il venait à passer près des enfants en train de s'amuser, il s'arrêtait pour les considérer et les animer d'un sourire, d'une parole ; ou bien il prenait part lui-même un instant à leurs jeux, et quand il les quittait, c'était en leur disant : « Amusez-vous bien, mais soyez sages. » En retour, les enfants recherchaient sa compagnie, et le dimanche, quand le catéchisme se faisait à Fleury, on l'attendait pour l'accompagner à l'aller et au retour et jouir de sa conversation.

C'est qu'il savait intéresser les enfants et leur inspirer une grande confiance. Ils aimaient ses catéchismes, et l'institution des examens, oraux et écrits, à l'approche de la première communion, avait fait naître une singulière émulation. Les instituteurs eux-mêmes s'intéressaient au succès de leurs élèves et c'était à qui, de Monchy ou de Fleury, obtiendrait les premières places.

Quand venait la retraite de première communion et qu'elle put se faire au couvent, comme cela eut lieu à partir de 1870, M. le Curé ne quittait presque plus ses enfants. Pour la circonstance, il réunissait garçons et filles, présidait lui-même leurs repas et leurs récréations et les entourait, nous disent les religieuses, de soins vraiment maternels. Et il fallait l'entendre dans les instructions qu'il leur adressait ! Il faisait, sur ces âmes neuves, des impressions profondes, leur inspirait une foi vive et ferme et jetait en elles les bases de convictions inébranlables. Une fois entre autres, — nous tenons le fait d'un enfant admis à la première communion cette année-là, — pour les exciter à la contrition de leurs fautes, il leur montrait le péché faisant souffrir et mourir N.-S. J.-C.; il parla avec tant de cœur, la conviction qui l'animait se reflétait si visiblement sur sa physionomie, sa voix émue était si bien d'accord avec les larmes qui mouillaient ses paupières, que tous les enfants pleuraient, tous sanglotaient.

Le jour de la première communion était la plus belle fête de l'année ; c'est à cette intention qu'elle se faisait le jour de la fête patronale, de la Saint-Pierre. Pour tous les offices, on allait, en procession, chercher les enfants réunis chez les sœurs et on les y ramenait ; à la messe de communion, presque tous les parents, sinon tous, accompagnaient leurs enfants à la table sainte ; la messe d'action de grâces, chantée par un curé du voisinage, voyait sa solennité relevée par la présence d'un grand nombre de prêtres et attirait une nombreuse assistance ; le soir, les vêpres solennelles, le sermon et la rénovation des promesses du baptême étaient couronnées par une grande procession ; cette journée se gravait dans le cœur des enfants en traits ineffaçables.

L'affection de M. Dollé pour l'enfance et la jeunesse lui fit accepter un grand nombre d'élèves, une vingtaine peut-être en quinze ans qu'il passa à Monchy. Dans le nombre, il y en eut qu'il dirigea vers le Petit-Séminaire et deux devinrent prêtres : M. Arsène Lacaille, missionnaire, qui vient de mourir au Kouang-Si (Chine) et M. Benoit Sombret, curé d'Ames (1). Mais il donnait aussi bien des leçons de français et de sciences que de latin, et n'excluait pas de sa sollicitude et de son dévouement ceux qui se destinaient aux carrières civiles.

(1) C'est à M. Sombret que nous devons une bonne partie des renseignements qui nous ont permis de reconstituer la physionomie de M. Dollé à Monchy.

Avec l'enfance et la jeunesse, c'étaient les vieillards, les infirmes et les malades qui avaient la prédilection de M. Dollé. Dans les cas de maladie grave surtout, il les visitait souvent et on ne savait qu'admirer le plus, de l'intérêt qu'il leur portait ou des soins qu'il leur donnait. En 1867, les cinq enfants, encore en bas âge, d'une famille pauvre furent attaqués successivement de l'angine et moururent dans l'espace d'un mois. Dès les premières atteintes du mal, le vide se fit autour de la maison contaminée. M. le Curé, lui, multipliait ses visites; il accompagnait le médecin pour l'aider et apprendre de lui la manière de venir en aide à ces pauvres petits malheureux, toujours menacés d'étouffer, permettait et même recommandait qu'on vînt le chercher, à n'importe quelle heure du jour ou de la nuit, pour débarrasser la gorge du mal qui l'obstruait, et quand, malgré tous ces soins, la mort survenait, il aidait encore la pauvre mère à mettre ses enfants au cercueil. C'est dans ces circonstances et d'autres analogues qu'il toucha du doigt l'incontestable utilité d'une religieuse, occupée à visiter les malades, pour leur rendre les soins indispensables, leur porter les médicaments nécessaires, et mettre à leur disposition le linge qui leur fait presque toujours totalement défaut ; c'est alors qu'il conçut ce projet, presque immédiatement réalisé.

Précédé de cette réputation de bonté et de charité, il pouvait monter en chaire. Il le faisait, dimanches et fêtes, très régulièrement, et, chose rare, il prêchait longuement, sans fatiguer ni ennuyer son auditoire. Ses instructions, toujours très pratiques, s'élaboraient, dans le cours de la semaine, au contact des choses et au milieu des occupations les plus diverses ; le samedi ou la veille d'une fête, il jetait quelques mots sur un bout de papier, destiné à prendre place dans son bréviaire, pour tracer l'ordre à suivre et signaler à l'attention les idées maîtresses. En chaire, son expression, souvent pittoresque, avait un cachet à part ; sa manière n'excluait pas les procédés empruntés à la rhétorique ; mais ce qui caractérisait surtout sa parole, c'était la netteté, la précision et la simplicité ; il avait recours aux comparaisons les plus familières pour se mettre à la portée des esprits les moins ouverts ; son action, inspirée par une foi vive et un grand amour des âmes, était pleine de feu et d'énergie, et il faut l'avoir entendu, pour concevoir sa véhémence, quand il tonnait contre quelque mauvaise habitude qui existait ou tendait à s'introduire dans la paroisse. Bien vite il avait acquis le droit de tout dire avec la liberté la plus absolue. Il en profita pour reprendre quand cela était nécessaire ; mais ce qu'il voulait avant tout, c'était instruire son peuple, et il y réussit. Insensiblement, cette paroisse, qu'il avait trouvée mauvaise, s'améliora, et il l'a laissée ce qu'elle est encore aujourd'hui, l'une des meilleures, sinon la meilleure des environs.

Il s'attacha particulièrement à trois sujets pour les traiter sous tous les aspects et y revenir sans cesse : l'éducation des enfants, la fréquentation des sacrements et la fuite des occasions.

Parmi les devoirs que comprend l'éducation, il recommandait particulièrement la correction et le bon exemple, mais plus encore la surveillance.

Quand la paroisse lui fut confiée, on faisait ses Pâques, — encore eut-il à ramener un certain nombre de retardataires, — il y avait quelques communions à Noël, et c'était à peu près tout. Il exposa si bien les avantages de la confession et de la communion fréquentes, il exhorta si souvent à y recourir que, d'abord, il obtint de nombreuses communions aux jours de fêtes ; puis, grâce à l'œuvre du dimanche, il put établir la communion du mois ; enfin, par une direction sage et ferme, il affermit les natures chancelantes et donna de la consistance aux habitudes contractées, en sorte que son successeur recueille encore aujourd'hui le fruit de ses efforts.

Les jeunes filles du pays fréquentaient les danses, et, chose plus triste à dire encore, allaient au cabaret ; en été surtout, quand revenaient les ducasses des environs, elles couraient de l'une à l'autre sans aucune retenue. M. le Curé, s'autorisant des paroles de son « grand évêque, » Mgr Parisis, qui avait qualifié ces réunions d'étranges et d'horribles, déploya contre elles toute sa véhémence : il ne craignait pas d'employer le mot propre et d'appeler les choses par leur nom. Il stigmatisa si heureusement le vice et le peignit sous des couleurs si honteuses que bien vite encore il extirpa le mal. Lors de la bénédiction de l'école des filles et de l'établissement de l'œuvre du dimanche, il pouvait déjà dire : « J'ai lieu maintenant d'être content de toutes les jeunes filles de cette paroisse, et toutes ces enfants, qui sont l'objet de ma sollicitude actuelle, n'auront plus désormais qu'à suivre les exemples de leurs sœurs aînées. » Quand il rétablit la fête de Saint Pierre, il y avait mis une condition : ne voulant pas, comme il le disait, qu'on honnorât en même temps saint Pierre et le diable, il avait interdit la danse, le dimanche qui suit la fête et qui est le jour même de la ducasse : la condition fut toujours parfaitement observée. La jeunesse murmurait bien un peu parfois, mais, au fond de la conscience, elle reconnaissait que M. le Curé avait en vue le bien des âmes et elle ne lui refusait pas sa confiance. Au confessionnal, d'ailleurs, il mettait le baume sur les plaies, par la bonté avec laquelle il accueillait les aveux et le repentir, par l'empressement qu'il apportait à encourager les âmes disposées à mieux faire. Et, quand il avait obtenu une véritable conversion, quelle joie! C'était l'une de ses plus douces jouissances et le dédommagement de bien des peines.

C'est en 1869 qu'il rétablit la fête patronale de Saint Pierre. Il avait appris des anciens qu'elle se faisait autrefois avec grande solennité et qu'elle amenait affluence de monde. Il entreprit de renouer le présent au passé, en célébrant la fête et son octave, et ne négligea rien de ce qui pouvait en rehausser l'éclat. Les nobles habitants du château, qui ne lui refusaient jamais leur concours, lui procurèrent une grande faveur en cette occasion. M. le comte et Mme la comtesse de Lévis rapportèrent de Rome pour la solennité une relique « *ex ossibus sancti Petri* »; de plus, ils avaient obtenu la concession d'une double indulgence à gagner pendant l'octave : l'une, plénière, pour les personnes qui s'approchaient des sacrements de pénitence et d'eucharistie; l'autre, de 40 jours, pour ceux qui, contrits de leurs fautes, prieraient dans l'église de Monchy aux intentions ordinaires. Dès la première année, le succès fut complet et la fête attira près de trois mille personnes.

On a pu le voir, M. Dollé était bien le maître de son peuple : sa parole était écoutée, respectée, obéie. Il en était aussi le père et toutes ses œuvres n'avaient en vue que les intérêts de ses paroissiens. Mais il nous faut dire encore comme il se faisait tout à tous.

Les intérêts de chacune des familles de sa paroisse étaient vraiment devenus les siens : dans la mesure où il le pouvait, il contribuait à sa prospérité matérielle non moins qu'à sa perfection morale ; parents, enfants, serviteurs, sa sollicitude s'étendait à tous. L'un des chefs, le père ou la mère, venait-il à disparaître, le survivant semblait avoir acquis des droits à une plus grande sollicitude, à un plus généreux dévouement. Si c'étaient des orphelins que la perte d'un père et d'une mère mettait en quelque sorte à sa charge et sous sa protection, comme il veillait sur eux, comme il s'occupait de leur avenir, comme, en toute circonstance difficile, il leur prêtait le secours ou de son expérience ou de ses démarches ! C'est le témoignage que lui rendraient au besoin les sept survivants de dix enfants restés orphelins à Fleury.

Entendez les habitants de Monchy et de Fleury : il n'y a peut-être pas une seule famille à laquelle il n'ait rendu quelque service particulier. Aussi c'étaient des allées et venues continuelles au presbytère ; tous les paroissiens y défilaient à leur tour, qui pour demander un conseil, qui pour faire écrire une lettre, qui pour solliciter une démarche, qui pour arrêter un procès. Mais c'étaient déjà les ouvriers qui semblaient davantage l'objet d'un intérêt particulier. Dans ses diverses entreprises, il était presque toujours au milieu d'eux et il avait le don de se les attacher. Il avait étudié avec soin les règles à suivre dans une construction ; aussi il était en mesure de tracer à chacun sa besogne et de lui indiquer les moyens d'exécution ; il faisait plus encore et ajoutait des conseils pratiques qui, en simplifiant le travail, en augmentaient la somme. De là vient que les ouvriers, qui avaient passé par les chantiers de M. Dollé, disaient avec reconnaissance : « M. le Curé nous en a plus appris en quelques mois, que nos patrons en plusieurs années. »

Un jour, un vol assez considérable fut commis à Monchy, et les soupçons ne s'égarèrent pas : ils tombèrent sur le vrai coupable. Soit remords, soit terreur de se voir ainsi désigné par la voix publique, il vint frapper au presbytère et demander à son curé de se faire l'intermédiaire de la restitution. M. Dollé lui donna rendez-vous pour le lendemain, avant le jour, afin de le dérober aux regards, fit venir les intéressés, un peu plus tard, pour leur remettre la somme disparue, quelques milliers de francs, et il put voir, au premier instant, l'anxiété de deux vieillards comptant une à une leurs pièces d'or si péniblement amassées, puis leur joie débordante quand ils eurent constaté qu'aucune ne manquait à l'appel ; mais il ne s'attarda pas à ce spectacle : il y avait pour lui quelque chose de plus pressant. Il courut à la gendarmerie, mais il arriva trop tard : elle avait reçu ordre d'arrêter le coupable ; il courut chez le procureur *impérial*, — nous n'avions pas encore à cette époque l'inappréciable avantage de vivre en république — mais le procureur avait saisi le tribunal de l'affaire ; il courut enfin chez les juges annoncer le repentir du coupable, faire connaître l'acte de restitution, bref, plaider les circonstances atténuantes en faveur de ce protégé d'un nouveau genre.

Survenait-il un incendie chez une famille pauvre ? Il rebâtissait la maison, parfois à ses frais, y replaçait un nouveau mobilier, à l'aide de quêtes organisées à domicile ou de démarches faites dans les châteaux voisins, toujours en apportant sa large contribution. Un matin, l'un de ses paroissiens de Fleury se présente à lui les traits bouleversés. — « M. le Curé, lui dit-il, je suis dans la rue avec ma femme et mes enfants. Cette nuit, le feu a brûlé ma maison et dévoré tout ce que je possédais. — Ne pleurez pas, mon bon ami, répond le charitable curé : ce soir vous aurez un logement, et, avant trois mois, ce sera une maison neuve que nous vous rendrons, au lieu d'une vieille. Bénissez le bon Dieu qui vous rendra plus que vous n'avez perdu. » Toutefois, ce serait se tromper que de croire qu'il attendait le malheur ou un besoin pressant pour se charger des intérêts d'une famille : il suffisait que cela fût utile ou pût être agréable, et il mettait au service de ses paroissiens son temps, ses forces, son intelligence et son expérience. Une de ses dernières constructions à Monchy, à notre connaissance du moins, ce fut celle d'une ferme avec tout ce qu'elle comporte, corps de logis, écuries, granges et dépendances. Il vit qu'il pouvait être utile à un jeune ménage, naturellement encore dépourvu d'expérience ; cela suffit à le décider.

Quand on fit le tracé du chemin de fer d'Arras à Etaples,

M. Dollé fut un instant dans une grande perplexité. La voie ferrée suit la vallée de la Ternoise et il devait y avoir sur le territoire de Monchy un remblai considérable; or, sa place était marquée précisément en face du château qu'il devait masquer, au chevet de l'église qu'il devait cacher jusqu'à la hauteur du toit. Que faire? Les plans étaient définitivement arrêtés au ministère des travaux publics, et Mademoiselle d'Hinnisdal avait inutilement employé tous les moyens pour les faire modifier. En vain, avait-elle offert une indemnité de cent mille francs; en vain, avait-elle fait appel à l'intelligence d'ingénieurs distingués; en vain, avait-elle obtenu l'intervention des députés de notre département. Toutes les démarches étaient demeurées sans résultat.

Au comble du découragement, elle vint trouver « son bon curé » et lui exposa ses tristesses. « Monsieur le Curé, lui dit-elle en larmes, c'est fini : mon château sera démoli et ma propriété de Monchy vendue ; je ne serai plus votre paroissienne. » — Mademoiselle, répond M. le Curé, on ne se rend pas ainsi. Aussi longtemps que les travaux ne sont pas effectués, il ne faut pas désespérer.— Monsieur le Curé, j'ai épuisé tous les moyens ; si vous croyez qu'on puisse encore tenter quelque chose, dites-le moi ; j'ai confiance en vous et je mets cent mille francs à votre disposition. — Mademoiselle, je veux bien essayer à mon tour. Je ne suis pas certain de réussir ; mais, quoi qu'il arrive, vous n'aurez rien à débourser. » Le jour même, M. le Curé de Monchy faisait les démarches nécessaires pour se procurer une copie des plans et devis de la ligne. Quand il fut muni de ces pièces, il parcourut la vallée de Saint-Pol à Anvin, étudia les courbes, mesura les remblais et les terrassements projetés ; bref, il fit une étude complète du plan des ingénieurs. Rentré chez lui, il s'enferma et consacra au travail deux journées entières et sans doute aussi deux nuits. Par des calculs et des combinaisons d'une admirable précision mathématique, il arriva à établir, d'une manière irréfragable, que son plan, substitué à celui des ingénieurs, réaliserait une économie de cent mille francs et répondrait, de tout point, aux désirs des habitants de toute la vallée.

Mais ce n'était pas tout : il fallait le faire agréer. L'ingénieur en chef de la Compagnie, qui se trouvait en ce moment à Saint-Pol, refusa plusieurs fois d'entrer en pourparlers, sous prétexte que la question était décidée. M. Dollé alla le trouver à l'hôtel où il était descendu avec ses subordonnés, prit la précaution, toujours utile en pareille occurrence, de leur faire servir un copieux dîner, et, dans la conversation, leur donna suffisamment de preuves de sa supériorité, pour les décider à examiner ses plans et devis. A mesure qu'il parcourait ce travail, l'ingénieur paraissait étonné ; il finit par demander quel en était l'auteur : — « Peu importe, répond M. Dollé ; je vous en offre la propriété si elle peut vous être agréable. En retour, je ne vous demande qu'une faveur ; c'est que vous ne vous opposiez pas à l'adoption de ce plan que j'ai l'intention de faire présenter au ministère. » L'ingénieur en chef donna sa parole et laissa échapper cet aveu : « Ma foi, c'est le curé qui a raison. »

Quinze jours après, le plan de M. le Curé de Monchy était accepté sans modification, et, un peu plus tard, mis à exécution, à la grande satisfaction des habitants de la vallée.

On devine si Mademoiselle d'Hinnisdal fût surprise et heureuse de ce résultat. En témoignage de sa reconnaissance, elle offrit à M. Dollé un beau cabriolet, destiné à remplacer le modeste équipage dont il usait, depuis que l'altération croissante de sa santé l'obligeait à se servir d'un cheval pour gravir les hauteurs de Fleury, auxquelles il n'y avait d'accès que par un chemin dépourvu de tout abri.

Le presbytère de Monchy abritait toute une famille, du moins dans les premières années et avant les vides causés par la mort ; mais il n'y avait là aucun obstacle à l'expansion du zèle et de la charité de M. le Curé. Chacun des membres avait de quoi se suffire ; et, comme c'était chez tous le même cœur, sensible aux misères du pauvre et à la gloire de Dieu, il n'y avait qu'une seule bourse, qui était la bourse commune des nécessiteux et des œuvres ; M. Dollé y puisait déjà largement, comme il devait faire toujours, à Bapaume non moins qu'à Monchy.

C'était aussi un lieu de rendez-vous pour l'amitié que le presbytère, et l'hospitalité s'y exerçait cordialement. M. le curé de Wavrans y apportait ses joyeusetés et sa manière à lui de caractériser les gens, en venant voir, comme il disait, « Saint Pierre ». M. Brachet, curé d'Anvin, mort depuis curé de Verchin, y cherchait des consolations et des conseils au milieu des difficultés de diverse sorte qu'il rencontrait dans sa paroisse. « Le saint homme d'Hestrus » descendait de ses collines pour s'édifier au récit de quelque exploit nouveau du zèle de M. Dollé. M. le curé de Teneur, le père spirituel de beaucoup de ses confrères, y commençait « ces rapports d'intimité qui ont toujours existé sans l'ombre d'un nuage ; et la mort n'a pu rompre ces liens d'amitié presque fraternels » écrivait-il après le décès de M. le doyen de Bapaume. Nous nommons les habitués; mais que d'autres confrères venaient du voisinage, attirés par la cordialité certaine de l'accueil qui les attendait et par le profit qu'il y avait à passer quelques heures près de M. le Curé de Monchy ?

On venait de plus loin. Mgr Catteau, lorsqu'il était professeur au Grand-Séminaire ou Vicaire Général ; Mgr Labouré, lorsqu'il était directeur ou supérieur du Petit-Séminaire, accouraient s'y délasser de leurs fatigues. En 1875, on y vit même M. Portenart, supérieur du Grand-Séminaire, qui cherchait à secouer ses noirs soucis et à reprendre un peu de cette douce gaité qui semblait le fuir. D'autres amis, plus humbles mais non moins bien accueillis, se croyaient chez eux au presbytère de Monchy et y trouvaient et repos et conseil.

La table était toujours frugalement servie ; mais, comme on ne venait que pour se dilater le cœur, s'inspirer des grandes pensées du sacerdoce et ranimer son zèle au contact d'un prêtre tout brûlant du feu sacré, la satisfaction n'était pas moins grande : on se retirait réconforté et on emportait même des provisions à utiliser au profit des âmes. Pourtant cette frugalité semblait n'être pas du goût de tous, et l'un des habitués du presbytère de Monchy, comme plus tard de celui de Bapaume, qui faisait parfois la guerre à la parcimonie de la table, reçut un jour ces quelques mots :

« Bien cher ami, je vous attends jeudi sans faute. J'ai besoin de vous voir et de causer intimement avec vous. Outre les questions intéressantes que nous aurons à traiter, un autre motif me fait désirer votre présence : un petit examen de conscience m'a fait reconnaître que j'avais à réparer le passé. Vous vous êtes plaint plusieurs fois de la pauvreté de ma table ; arrivez jeudi pour dîner et la réparation sera éclatante. Je m'engage à vous faire servir dix-sept plats. Serez-vous content, cette fois ? C'est entendu, je vous attends. »

L'ami se garda bien de refuser l'invitation : il cédait aux attraits de l'amitié, mais aussi, faut-il le dire, aux séductions de la curiosité. Quel changement soudain s'était donc opéré dans les habitudes du presbytère de Monchy ?

Au dîner, le premier service se présenta sous sa forme ordinaire et modeste ; mais au second, la table fut entièrement couverte de gâteaux, de biscuits et de pâtisseries de tout genre ; véritablement, les dix-sept plats faisaient acte de présence.

Le commensal, émerveillé de ce luxe extraordinaire, cherchait la raison cachée de cette profusion, quand un gâteau de Savoie, ouvert en deux, laissa apparaître son acte de naissance et accusa de nombreux jours d'existence. « Vous êtes trahi, dit-il, en éclatant de rire ; vous faites parade de générosité avec les débris du festin de la Saint-Pierre, que M. le comte de Lévis a offert aux musiciens de Saint-Pol, venus, il y a trois semaines, pour rehausser la solennité ; en réalité, vous n'avez rien changé à vos habitudes. — Malheureux gâteau ! dit M. le Curé, il a éventé la mèche. »

Ce n'était pas seulement chez lui que M. le Curé de Monchy se mettait tout entier à la disposition de ses confrères ; il acceptait d'aller leur rendre service chez eux, soit en les aidant dans le ministère paroissial, soit en mettant son expérience à leur disposition pour des réparations ou des constructions, soit en s'imposant la fatigue de prédications extraordinaires. Il prêcha des érections de calvaire à Azincourt et à Hestrus, des fêtes patronales à Fruges et à Sachin, des pèlerinages à Erin et à Fontaine-lès-Boulans, des processions de reliques à Crépy et à Conteville, une neuvaine entière en l'honneur de Sainte Berthe à Blangy. Partout il recommandait chaleureusement la domination de l'âme sur le corps, de la vie spirituelle sur la vie matérielle ; partout il combattait les abus et les vices, tantôt avec énergie et véhémence, tantôt avec souplesse et habileté.

« A notre époque, » — nous avons fait du chemin depuis le temps où il parlait — « les hommes admettent encore facilement la nécessité de cette domination de l'âme sur le corps, et ils n'ignorent pas que le chrétien véritable est celui qui sait régler sa vie selon les lumières de la raison et de la foi et n'écoute point les convoitises déréglées, les passions mauvaises de la chair et du sang.

« Mais on a respiré dans l'air le souffle délétère de la conciliation à outrance ; les caractères ont perdu leur énergie, et l'on veut établir, entre l'âme et la chair aussi, un certain compromis, un traité de paix de mauvais aloi. Il semblerait assez, si l'on en juge par la conduite ordinaire, que les bases de cette alliance impossible sont celles-ci : l'âme ne demandera à la chair aucun sacrifice ; la chair, de son côté, ne se permettra pas de trop grands écarts ; elle se refusera surtout ceux qui pourraient entacher l'honneur humain. Pourvu que le vice n'entraîne pas de déshonneur, pourvu qu'il reste secret ou soit admis par l'opinion publique, l'âme n'a rien à dire.

« Pour vous faire toucher du doigt ce genre de conciliation, vous signalerai-je quelques-uns de ses fruits ? Oserai-je soulever le voile qui couvre, à nos regards chrétiens, la corruption de ce siècle, et vous désigner ces actes secrets qui souillent la jeunesse ou profanent la sainteté du mariage ? Oserai-je vous parler de ces réunions dangereuses où certaines jeunes filles, qui prétendent conserver le nom de chrétiennes, vont gaiement oublier les lois saintes de la pudeur et piétiner leur couronne virginale ?

« Non ! Ce serait faire injure à cette chrétienne paroisse de..... que de supposer que l'un de ses membres puisse tomber sous le coup de ma parole sacerdotale. Ici, je ne l'ignore pas, on a conservé la foi pure des anciens jours ; on sait se conduire en chrétien, secrètement et publiquement, dans les ténèbres et la solitude comme sous les yeux de ses frères ; on sait que Dieu est présent partout et on ne voudrait pas, sous ses regards, forfaire à ses lois saintes ; on sait qu'il y aura un jugement général et dernier, et on en craint les redoutables surprises. Eh quoi ! cette personne passait pour si vertueuse, cette jeune fille pour si chaste, ces époux pour si fidèles au devoir !

Apprendra-t-on qu'ils se vautraient dans la souillure du vice et les entendra-t-on condamner ?..... »

Quand on projeta, en 1868, de rétablir le collège ecclésiastique de Saint-Pol, M. le curé de Monchy-Cayeux tenait déjà une place telle dans le pays que l'on se tourna tout naturellement vers lui. Il accueillit avec empressement cette idée naissante et rien ne lui coûta pour en assurer la réalisation. Sa parole ardente et convaincue entraîna les plus indifférents ; ses avis, dictés par l'expérience, activèrent la restauration de cette école chrétienne, pendant que ses démarches multipliées préparaient l'organisation du personnel enseignant. On sait que la nouvelle institution fut définitivement fondée en 1869, par un contrat passé entre Mgr Lequette, évêque d'Arras, et la municipalité de Saint-Pol. Quelques années plus tard, M. Dollé, adressant la parole aux élèves, dans la chapelle du collège, rendue récemment au culte, pouvait dire avec raison : « Nos collèges catholiques ont justifié toutes nos espérances et leur prospérité croissante nous donne aujourd'hui les plus précieuses consolations. »

Au mois d'août 1873, M. Dollé fut appelé à Créquy, son pays natal, par la mort de M. l'abbé Philippe Delattre, le curé qui l'avait baptisé. A son passage à Fruges, M. le doyen le pria de prononcer l'oraison funèbre du défunt. C'était bien tard ; néanmoins il ne sut pas refuser. Il consacra une partie de la nuit à se préparer, et, le lendemain, parla avec toute son âme de son vieux curé ; il le montra sacrifiant à ses paroissiens ses biens, sa santé, son cœur, et pendant près d'une heure ne laissa pas tarir les larmes qui coulaient de tous les yeux. Comme conclusion, il proposa « à la reconnaissance de son pays natal d'élever un monument à celui qui, pendant plus de trente-neuf ans, avait été le bon curé de Créquy. »

Sept mois plus tard, en mars 1874, il se retrouvait à l'inauguration de ce monument et de nouveau y prenait la parole, cette fois, pour expliquer la signification et la portée « de ce trophée de la reconnaissance et de la piété filiale. » Et, comme entre temps avait surgi quelque contradiction, il disait : « Un bruit aussi absurde que calomniateur, sorti de je ne sais quelle officine de mensonge et de méchanceté, a couru parmi vous. Certains ont cherché à faire croire que celui qui, il y a vingt ans, n'avait pas quatre chemises, était mort riche, malgré les secours abondants que sa main généreuse versait chaque semaine dans une famille naturellement aimée, malgré tous les frais d'une éducation coûteuse, malgré cette charité bien connue, qui faisait dire à chaque pauvre quand il présentait son obole pour le monument : Je donne volontiers ; il m'en a fait assez.....

« Je le sais, mes frères, il serait inutile de venger la mémoire de notre père. Votre dédain et votre légitime mépris ont fait justice de ces parleurs de quinze et vingt mille francs. Mais, puisque l'occasion m'en est fournie, voici ce que je veux dire : Si ce monument avait été élevé par la famille du défunt abbé Delattre, si sa fortune personnelle en avait supporté les frais, que signifierait-il, que dirait-il ? Il dirait qu'en 1873 est mort dans ce village un curé qui se nommait Philippe Delattre.

« Eh ! grand Dieu ! qu'est-ce que cela ? Un nom semblable à tous les noms, un nom perdu dans la nomenclature des noms ?

« Heureusement, il n'en est pas ainsi. Ce monument, c'est vous qui l'avez élevé ; la reconnaissance publique le couvre de son ombre et c'est elle, et elle seule, qui en fait tout le prix. C'est la reconnaissance qui le rend glorieux pour la mémoire de celui qui l'a mérité. »

Il y avait quinze ans que M. Dollé était à Monchy ; il avait achevé, depuis quelque temps déjà, les œuvres importantes entreprises au début de son ministère, et n'avait plus d'autre aliment à donner à son zèle et à son activité que la besogne courante du ministère paroissial. C'était trop peu pour lui, et ses amis s'en préoccupaient, autant que l'autorité.

Au début de l'année 1876, un doyen était gravement malade et touchait presque à sa fin, quand Mgr Lequette prit le chemin de Rome pour sa visite *ad limina*. Le prélat crut devoir songer à ce remplacement, puisque la succession allait s'ouvrir pendant son absence, et, avant de partir, il désigna le curé de Monchy-Cayeux. M. Dollé fut informé de cette décision par l'un des membres de l'administration diocésaine, mais ce fut pour apprendre, peu de temps après, qu'elle n'aurait pas de suites. Quand le décès prévu survint, un curé d'Arras sollicita le poste pour l'un des siens, et fut écouté.

L'élévation de Mgr Catteau à l'épiscopat et sa nomination au siège de Luçon amenèrent un changement : M. Dollé fut nommé vicaire général. Ce n'était peut-être pas ce qui convenait le mieux à son état de santé, à ses aptitudes et à ses goûts; c'était, du moins, le moyen employé par la Providence pour le tirer d'une position inférieure et donner leur emploi à ses rares talents.

Impossible de rendre l'impression produite par cette nomination et le déchirement qu'elle causa dans les cœurs, à Monchy et à Fleury.

Comme il le dira plus tard à Mgr Meignan, M. Dollé sortait de Monchy « heureusement ruiné », mais il laissait une paroisse renouvelée, des œuvres florissantes, des cœurs profondément reconnaissants et vraiment amis ; il laissait des souvenirs ineffaçables, car, en janvier 1868, il avait perdu son vénérable oncle, le protecteur de ses jeunes années et le guide de ses premières études ; en avril 1870, il avait éprouvé l'inénarrable douleur de voir mourir sa mère ; il laissait quinze des plus belles années de sa vie dépensées, sans jamais compter, au service de son premier troupeau.

Et les habitants de Monchy et de Fleury, s'ils devaient applaudir à l'élévation méritée du curé dont ils avaient admiré les talents, n'en perdaient pas moins un père qui les avait aimés jusqu'à identifier sa vie, ses affections et ses intérêts avec les leurs. La pensée d'une séparation s'imposait, depuis quelque temps déjà, à leurs prévisions ; mais ils l'avaient toujours écartée, et la réalité, en les surprenant à l'improviste, ajoutait à leur douleur.

M. Dollé fut obligé de se dérober aux témoignages d'affection et de regrets que lui réservaient ses paroissiens, et, quand il les quitta, au mois de novembre 1877, il disparut sans leur adresser d'adieux. Il reparut au mois de mars 1878, et, se croyant plus sûr d'eux et plus maître de lui-même, il essaya une allocution à un salut de Carême. L'action du temps avait été insensible et l'émotion fut générale : on pleurait, on sanglotait.

Se peut-il plus bel éloge d'un curé et de ses paroissiens ?

LUÇON

A la mort de M. Dollé, la *Semaine de Luçon* a publié ces lignes :

« Le diocèse d'Arras perd en lui un prêtre, modèle de vertu et de dévouement, qui laisse des œuvres durables, et une mémoire en vénération.

« Après le clergé d'Arras, celui de Luçon se fera un devoir de payer au vénéré défunt son tribut de regrets et de prières.

« Venu en Vendée en même temps que Mgr Catteau, et nommé par Sa Grandeur vicaire général honoraire, il s'était principalement intéressé aux questions relatives à l'enseignement secondaire et avait pris une part très active à la fondation des institutions Sainte-Marie, de La Roche, et Saint-Joseph, de Fontenay. Ceux qui ont eu des relations avec lui ont pu apprécier les rares qualités de son esprit et de son cœur : aussi prendront-ils une part toute spéciale à la peine qu'a dû éprouver Monseigneur lorsqu'il a appris la mort du digne prêtre avec lequel il était lié depuis longtemps par la plus étroite amitié. »

BAPAUME

La nomination de M. Dollé à la cure de Bapaume souffrit quelques difficultés et les négociations traînèrent plus d'un mois. Le régime nouvellement imposé à la France avait déjà inauguré sa manière de prendre des renseignements sur les membres du clergé ; cette manière, on le sait, consiste à s'éclairer aux lumières d'un maire incapable, d'un garde champêtre borné, quand ce n'est pas aux passions haineuses des individus les plus tarés d'une localité. Dans le cas qui nous occupe, la sous-préfecture de Saint-Pol avait eu recours au maire de Monchy-Cayeux, qui se trouvait être, à cette époque, l'opposant d'autrefois à la construction de l'église. Il estimait et aimait son curé ; mais il était étranger, et ce n'était pas sa faute, aux délicatesses de la langue française. Se servit-il, pour rédiger les renseignements fournis, de quelque expression puisée dans son journal et dont il ne soupçonnait pas la portée ? Toujours est-il que sa suffisance et son incapacité tinrent quelque temps en échec la nomination de M. le doyen. Le parti républicain de Bapaume s'honora, en cette circonstance, par une démarche qui fit taire les scrupules de la préfecture, et la nomination fut agréée par décret du 31 juillet 1878.

L'installation, qui eut lieu le 11 août suivant, fut faite par M. Envent, archiprêtre de la cathédrale d'Arras, en présence de Mgr Catteau, évêque de Luçon. La foule, accourue des environs non moins que de Bapaume, était grande, et grande aussi était l'impatience d'entendre le nouveau doyen, dont la venue avait été longtemps attendue et vivement désirée.

Après avoir remercié les autorités, il s'adressa aux différentes classes de la société, aux diverses communautés, aux œuvres de toute sorte ; à toutes, il promit le plus complet dévouement et pour toujours. « Oui, pour toujours, répéta-t-il plusieurs fois, mon dévouement de pasteur et de père, mes conseils et mon expérience, mes forces et ma vie, tout moi-même enfin. Et je n'excepte personne. Quelles que soient les opinions politiques, toute âme droite trouvera chez moi la même sympathie et la même affection. Ma politique à moi et mon drapeau, c'est le Christ et son Église. » A ces mots, prononcés d'une voix vibrante et redits à plusieurs reprises, l'émotion fut à son comble. Peu habitués à ce langage et à cette franchise, les auditeurs se regardaient l'un l'autre et disaient : « Celui-là n'a pas peur. »

M. le doyen parla beaucoup des pauvres et promit de les secourir de son mieux ; il ajouta seulement que, bien qu'ancien déjà dans le ministère, ses ressources étaient fort restreintes. Ceux qui nous ont suivi jusqu'ici en connaissent la cause.

Son dernier mot fut pour les enfants, qu'il appela « les Benjamins de son troupeau », et auxquels il promettait de consacrer sa vie tout entière. On verra, par la suite de ce récit, s'il tint parole.

Après la cérémonie, on entendait des hommes de toutes les classes s'écrier : « A la bonne-heure, voilà l'homme qu'il nous faut. » D'aucuns disaient : « Je me confesserais à lui au milieu de la rue. » D'autres : « C'est un saint. »

Le lendemain de l'installation, à la suite du dîner de quarante couverts qui avait eu lieu après la cérémonie, M. le doyen fit distribuer du dessert aux enfants des orphelinats ; il ajouta, pour chacun de ces établissements, une somme d'argent proportionnée au personnel, afin que l'on donnât une petite fête aux enfants, en souvenir de son arrivée à Bapaume.

Puis il commença la visite des communautés et montra à toutes le plus vif intérêt.

§ I. — Notre-Dame de Pitié.

« La responsabilité des âmes est un fardeau qui pèse lourdement, et ce n'est qu'avec crainte et tremblement que je l'assume », disait M. Dollé, lors de son arrivée à Bapaume. Il eut besoin d'être rassuré par l'un de ses amis qui lui dit : « Soyez sans crainte : vous allez être le curé de Notre-Dame de Pitié et Notre-Dame protège d'une façon particulièrement évidente, et les habitants de la ville, et les membres du clergé, et tous ceux qui l'implorent. Je pourrais vous en donner des preuves nombreuses ; en voici une qui m'est personnelle :

« Je vomissais le sang, à fréquentes reprises et en grande abondance, depuis plus de dix ans. Ces vomissements me reprirent avec violence, la veille de la fête de Notre-Dame de Pitié, et, le jour même, ils se renouvelèrent, le matin et à midi. J'étais exténué : il m'avait été impossible de prendre aucune nourriture et je ne me tenais debout qu'avec peine. Voulant cependant assister à la procession, je me trainai jusqu'à l'église ; j'allai m'agenouiller au pied de la statue miraculeuse et je fis cette prière : « J'ai en vous, ô ma mère, cette inébranlable confiance que vos prodiges ont déposée dans tous les cœurs, et je remets ma vie entre vos mains. Malgré mes douleurs, malgré mon extrême faiblesse, j'assisterai à la procession et j'y chanterai de toute mon âme. Aux yeux de ma raison, c'est imprudence et folie ; aux yeux de ma foi, c'est mérite et confiance. J'attends de vous, aujourd'hui même, la guérison ou la mort. »

« J'ai chanté, ajoutait-il, en plein air, tout le temps de la procession ; ma faiblesse et mes douleurs se sont dissipées ; les vomissements de sang, qui revenaient périodiquement, n'ont pas reparu ; je suis complètement guéri. »

A l'exemple et sur les conseils de son ami, M. le doyen mit toute sa confiance en Notre-Dame de Pitié, et, dès les premiers mois, il s'attacha à mériter ses faveurs, en rehaussant l'éclat de sa fête annuelle. Il fit appel aux communautés religieuses et à quelques personnes bien connues, et l'autel de Notre-Dame reçut les décorations que l'on a revues chaque année depuis. Il fit appel aux habitants des rues que devait parcourir la procession, et elles furent brillamment décorées. Il fit appel à la paroisse tout entière, et une nombreuse assistance se pressa, chaque soir du triduum préparatoire et de la neuvaine, au pied de la chaire, pour recueillir les enseignements donnés par un religieux dominicain.

Après la fête, M. le doyen put se livrer à l'effusion de la joie et complimenter cordialement ses nouveaux paroissiens ; il adressa tout spécialement des félicitations à la classe ouvrière : « Ah ! oui, disait-il, merci à vous, ouvriers et travailleurs, qui n'avez pas craint d'ajouter cette fatigue à toutes les fatigues de votre longue journée de travail ; qui, pour le bien de vos âmes et la gloire de Notre-Dame, avez su prendre sur les heures d'un légitime repos et grossir cette assistance nombreuse, cette foule compacte qui, chaque soir, se pressait au pied de la chaire chrétienne ! Merci à vous, de vous être montrés chrétiens ! Vous avez fait du bien à ce cœur qui vous est dévoué, à cette âme qui vous aime. Votre présence nous a rempli d'espérance. »

En effet, l'impulsion était donnée et il suffira de la renouveler, quand elle viendra à s'affaiblir. M. le doyen crut le moment venu en 1885, et il adressa une circulaire aux habitants des rues que devait parcourir la procession. Il y disait : « L'itinéraire de notre procession annuelle, en l'honneur de Notre-Dame de Pitié, a été fixé depuis longues années ; nous ne voudrions rien changer à son parcours ordinaire. Les années précédentes, vous apposiez des tentures à la façade de votre demeure ; vous décoriez vos fenêtres de lumières, de verdure et de fleurs ; vous y faisiez flotter des bannières et des oriflammes ; aucune maison n'était sans quelque signe extérieur, témoignage public de dévotion et d'affection filiale envers Notre-Dame de Pitié, gardienne de la ville de Bapaume et patronne de chacun de ses habitants. Nous venons en toute confiance vous rappeler cette vieille tradition..... »

En 1886, M. le doyen renouvela cette invitation : « Je vous écrivais, l'année dernière, la lettre ci-contre. Presque toutes les familles ont répondu à mon appel, et les étrangers nombreux, venus à notre fête, ont admiré les décorations de nos rues.

« Cette année, Mgr notre évêque présidera notre solennité séculaire et toutes les paroisses voisines feront partie du cortège. Aussi, j'en ai la ferme et douce assurance, nous ferons davantage encore. Nous serons tous unis pour honorer Notre-Dame de Pitié ; chaque maison chrétienne aura sa décoration. »

C'est ainsi que la fête de Notre-Dame de Pitié, fixée par

l'Église au troisième dimanche de septembre, conservait chaque année à Bapaume son éclat accoutumé. Toutefois, M. le doyen avait voulu faire davantage encore, pour honorer la glorieuse et puissante protectrice de la paroisse et développer la dévotion à son égard. En 1879, dès le premier mois de mai qu'il passa à Bapaume, les exercices du mois de Marie se firent à la chapelle de Notre-Dame de Pitié; c'était un changement, et il ne se fit pas sans exciter quelque rumeur. M. le doyen en profita pour faire comprendre la dévotion à la mère des douleurs.

« Dans le vaste monde des solliciteurs, disait-il en s'adressant aux Enfants de Marie, il est une pratique qui a toujours été universellement suivie: elle consiste à choisir, pour adresser sa requête, les circonstances de temps et de lieu que l'on sait agréables à la personne à qui l'on s'adresse. Or, mes chères enfants, nous serons, pendant un mois, les solliciteurs de Marie, et les intérêts de notre nature besoigneuse demandent que nous recherchions, avant tout, comment notre mère du ciel veut être honorée dans cette paroisse, quelle forme elle préfère voir prendre et aux hommages qu'on lui rend et aux prières qu'on lui adresse. Cette recherche, vous l'avez compris, ne saurait être longue. Il y a des siècles que Marie a manifesté ses désirs à nos pères, par les merveilles qu'elle a opérées au milieu d'eux: elle demande que Bapaume l'honore sous le vocable de Notre-Dame de Pitié. A vous, ses enfants privilégiées, d'obtempérer à ses désirs.

« Assurément vous eussiez pu placer au sommet de cet autel, plein de fraîcheur et éclatant de lumières, sous ce dôme gracieux, une statue de Marie Immaculée ou de la Vierge-Mère. Mais qu'eût été cette statue, en comparaison de celle qui a protégé nos murs et produit les merveilles que vous savez? Une statue ordinaire, fût-elle décorée de pourpre et d'or, ne pouvait remplacer une statue miraculeuse et un héritage de famille.

« C'est pour cette raison que vous avez orné le sanctuaire de Notre-Dame de Pitié et que nous y viendrons prier tous les jours, avec plus de confiance et d'amour que nous ne saurions en apporter ailleurs. »

M. le doyen interrompit le cours de ses instructions sur

l'Eucharistie, et tous les dimanches du mois de Marie, il parla des douleurs de la mère du Rédempteur. De la sorte, il éclairait et développait la dévotion de son peuple à Notre-Dame de Pitié et il travaillait à se la rendre secourable à lui-même et favorable à son œuvre.

Avant d'entreprendre cette œuvre, M. le doyen avait eu un dernier devoir à remplir à l'égard de celle qui avait été sa puissante collaboratrice à Monchy-Cayeux. Mademoiselle Marie-Armande-Rozoline d'Hinnisdal était morte, le 6 octobre 1878, et M. Dollé fut appelé à prononcer son éloge funèbre, à Ferfay, au centre de ses œuvres.

Refoulant, pour quelques instants, au fond de son âme, la tristesse qui avait envahi tout son être à cette douloureuse nouvelle, il célébra, devant un auditoire ému, les vertus de la digne descendante de Jeanne-Françoise Frémiot, baronne de Chantal. Il la montra, faisant, à vingt ans, le sacrifice de tous les avantages humains, retenue dans ses châteaux par ses devoirs de famille, mais y transportant les vertus du cloître, la mortification, la pauvreté, la virginité : « Ah ! s'écriait l'orateur, ma pensée embrasse en ce moment tout cet ensemble de jouissances que l'on s'accorde d'ordinaire. Et, elle, je la vois, sévère dans la discipline de sa vie, trop sobre dans ses repas, trop simple dans ses vêtements, obéissante jusqu'au scrupule aux lois saintes de l'Église, et je me demande ce qu'elle s'est accordé de ce que la nécessité n'exigeait point. S'est-elle jamais regardée comme la propriétaire de ses vastes domaines? Le fonds, me disait-elle souvent, appartient à ma famille qui me l'a légué ; mais l'usufruit, c'est le patrimoine des pauvres, des ouvriers et de Dieu. Et elle est morte sur un lit qui ne lui appartenait plus ! »

§ 2. — Le Collège Saint-Jean-Baptiste chez M. Decauquy.

Le soir de son installation, dans la réunion au presbytère qui suivit la cérémonie religieuse, M. le doyen émit la première pensée d'une *restauration* de l'ancien collège de Bapaume.

A la fin du dix-septième siècle, « le magistrat, voyant avec regret, écrit M. Bédu, l'entrée des carrières libérales fermée à un grand nombre d'enfants dont les talents pouvaient être utiles à l'Église et à l'État, demanda à Mgr Guy de Sèves de Rochechouart l'autorisation d'établir un collège. »

La demande fut accueillie, le collège établi, et il prospéra jusqu'à la Révolution. « Les élèves que l'on envoyait à Douai, pour suivre les cours de philosophie, obtenaient souvent les premiers prix dans les concours publics. »

Le 16 ventôse an II, il fut transformé en une caserne de gendarmerie, par un arrêté de Joseph Lebon, sans doute pour indiquer que le crime est plus florissant que les études, sous le régime inauguré en 1789.

Au collège municipal avait succédé, en ce siècle, une institution privée qui avait eu ses jours de prospérité et compté quatre-vingts pensionnaires, sous la direction de M. Decauquy ; mais l'âge du repos était arrivé pour ce chef d'institution, et, cédant à la fatigue, il désirait laisser à d'autres mains la conduite de son établissement.

M. le doyen connaissait déjà cet état de choses, et la pensée d'une restauration, sans jamais l'absorber, ne le quitta plus jusqu'à complète réalisation.

Au mois d'octobre 1878, dans une entrevue avec un confrère, il lui posait cette question : « Êtes-vous bachelier ? » Et sur une réponse négative, il ajoutait : « C'est fâcheux ; j'aurais fait de vous le supérieur de mon collège. »

Trouver un supérieur, c'était donc la première difficulté à vaincre ; c'était la première objection faite par l'administration épiscopale aux ouvertures de M. le doyen.

Au nombre des ecclésiastiques occupés dans les collèges à cette époque, il ne s'en trouvait pas qui attendît l'ouverture d'une maison pour remplir les fonctions de supérieur ou qu'on reconnût apte à cet emploi. Mais M. Dollé savait bien que, parmi les prêtres d'un grand diocèse, quand tant de talents restent enfouis et d'aptitudes inexploitées, il lui serait facile de réaliser pour Bapaume ce qu'il avait fait pour Saint-Pol, et de trouver un supérieur. Je n'ai pas à dire s'il eut la main heureuse en choisissant M. Vasseur : les familles de Bapaume et des environs l'ont vu à l'œuvre depuis dix ans et savent à quoi s'en tenir.

Au mois de novembre, M. le doyen, poursuivant sa pensée, faisait une démarche pour la location de la caserne, mais il ne tardait pas à y renoncer, momentanément du moins, pour ne pas apporter trop de retard à la réalisation de ses projets.

Au mois de décembre, fidèle à son habitude de recourir à l'expérience et aux conseils de ceux qu'il savait compétents, il écrivait au supérieur de l'un de nos collèges ecclésiastiques et lui demandait dans quelles conditions il faut ouvrir une maison d'éducation, pour avoir des chances de réussir.

Vers le même temps, au conseil municipal de Bapaume, on avait décidé l'établissement d'une école primaire laïque, choisi son emplacement et approuvé les plans et devis de l'architecte. Or, l'école laïque « c'est l'école sans religion et sans Dieu, l'école qui a pour but de faire de nos enfants des impies et des apostats. » (*Brochure, 1883*).

Il était donc urgent de venir en aide à la population chrétienne de la ville et des environs, d'abord par la défense et le maintien des écoles religieuses existantes, ensuite, et mieux encore, par l'établissement d'une maison d'enseignement secondaire.

Aussi, au mois de janvier 1879, M. le doyen exposa la situation à Mgr Lequette, toujours si préoccupé du bien de sa ville natale ; et le résultat de sa démarche, ce fut une lettre du prélat à M. le Maire de Bapaume. La voici :

« Arras, le 6 Février 1879.

A Messieurs les Maire, Adjoints et Membres du Conseil municipal de la ville de Bapaume.

« MESSIEURS,

« Je prends la confiance de soumettre à votre appréciation une question qui me semble être du plus haut intérêt pour la ville de Bapaume, dont vous êtes les représentants. Quelle que soit son issue, ma démarche sera toujours, aux yeux de tous, un témoignage de l'affection particulière dont je suis animé pour une cité où j'ai reçu le jour et dont je me glorifie d'être l'enfant.

« La ville de Bapaume a toujours possédé, depuis deux siècles, un établissement d'instruction secondaire. Depuis un certain nombre d'années, l'institution de M. Decauquy a remplacé l'ancien collège. L'honorable chef de cette institution est arrivé à cet âge où, d'ordinaire, se fait sentir le besoin de se reposer, surtout quand il s'agit d'une fonction aussi laborieuse que celle d'instruire la jeunesse. Le moment n'est sans doute pas éloigné où l'honorable M. Decauquy voudra prendre une retraite certainement bien méritée à tous égards. Avec lui pourraient peut-être disparaître les derniers vestiges du collège fondé en 1690.

« Les différentes administrations qui se sont succédé de 1690 à l'an II, ont toujours soutenu ce collège par de notables subventions, votées sous des titres divers. Elles comprenaient les avantages que cet établissement procurait, soit à la ville en général, soit à une partie notable de ses habitants.

« Et en effet :

« 1° En ce qui concerne les intérêts *généraux* de la localité, toutes les villes du diocèse et d'ailleurs qui s'imposent des sacrifices, bien souvent considérables, pour entretenir un collège à leurs frais, supputent, avec raison, que chaque élève pensionnaire leur rapporte quarante francs l'un, à cause des frais de toute nature qu'exige la marche d'un pensionnat, des droits d'octroi, des impôts, des dépenses diverses que font les parents en venant voir leurs enfants, du mouvement et de la vie qu'il imprime à la cité, de l'activité et de l'essor qu'il donne au petit commerce.

« 2° Quels avantages *personnels* bon nombre d'habitants ne retireront-ils pas de l'existence d'un établissement d'instruction secondaire ?

« 1. Il en est qui, pour des motifs bien justes, préfèrent, pour leurs enfants, une école payante à une école gratuite.

« 2. Il en est d'autres qui désirent les garder près d'eux, dans les années de l'enfance et de la première adolescence, afin de veiller plus facilement sur l'état de leur santé, et aussi afin de leur inculquer davantage et l'amour filial et l'esprit de famille.

« 3. Bien d'autres aussi doivent compter avec les frais de pension, si considérables aujourd'hui, et seront heureux de les éviter, en profitant d'une demi-pension ou d'un externat, relativement peu coûteux.

« 4. Il en est enfin qui seraient bien aises d'essayer, d'éprouver, sans trop de dépenses, les dispositions de leurs enfants, au point de vue des facultés intellectuelles et au point de vue de leur avenir, en leur faisant suivre les premières classes latines.

« Ces diverses considérations, Messieurs, m'ont inspiré, dans l'intérêt si dévoué que je porte à notre chère ville de Bapaume, l'intention de la doter d'un collège, c'est-à-dire d'un établissement libre d'instruction secondaire, où on ferait tout à la fois les cours de français et les classes latines jusqu'à la quatrième inclusivement. Les élèves de latin y seraient préparés au certificat de grammaire, suffisant pour les officiers de santé, les pharmaciens, l'école d'Alfort, etc.

« Dans ce dessein, que je serais heureux de voir aboutir pour l'avantage de mes chers compatriotes, je me suis procuré la faculté d'acheter un local convenable et de réaliser cette acquisition, si Messieurs les membres du Conseil municipal veulent bien suivre l'exemple de leurs prédécesseurs dans les temps passés, et m'aider dans cette entreprise.

« Dans les arrangements que j'ai pris, depuis plusieurs années, avec les villes d'Aire et de Saint-Pol, la ville d'Aire me donne 6,000 francs et le local ; la ville de Saint-Pol 5,000 francs et le local. Ces deux villes ont conservé à leur charge les réparations des bâtiments.

« Pour la ville de Bapaume, en considération des liens qui m'y rattachent d'une manière si intime, je prends à ma charge le local et son entretien. Je ne demanderai à la ville qu'une subvention annuelle de 3,000 francs, somme qui ne représente même pas les bénéfices matériels que l'établissement lui procurera.

« Afin de donner plus d'extension à cette institution qui, selon toute probabilité, comptera cent pensionnaires avant trois ans, je demande aussi la cession de l'immeuble communément appelé « *le Fer-à-cheval* ». Tous les frais d'appropriation seront à ma charge. La ville pourra actuellement y conserver ses magasins, et, si l'extension du collège devient telle que les magasins seraient utiles à l'établissement, je m'entendrai avec la municipalité, pour offrir un autre local, aussi commode et aussi spacieux, sous tous les rapports.

« Telles sont, Messieurs, les propositions que j'ai l'honneur de vous soumettre, et je ne doute pas que, dans l'appréciation que vous en ferez, vous ne soyiez guidés par le désir du plus grand bien d'une ville dont les intérêts sont déposés entre vos mains.

« Agréez, Messieurs, l'assurance de ma haute et respectueuse considération.

« † J.-B.-J.,

« *Évêque d'Arras, Boulogne et Saint-Omer.* »

Le conseil municipal vota la prise en considération de cette lettre et nomma une commission pour l'examiner et présenter ses observations.

Mais l'offre de Mgr Lequette contrecarrait trop le projet d'une école primaire laïque, pour ne pas susciter l'opposition de la préfecture. Le parti hostile, encouragé par l'attitude de l'autorité, travailla à faire écarter les propositions de Monseigneur. Il y eut des bruits erronés à dissiper, des assertions mensongères à confondre ; il y eut aussi à entretenir l'opinion publique, qui était favorable.

Le 24 mars 1879, la commission nommée déposait son rapport. Après avoir reconnu, qu'à moins de sacrifices considérables, la ville ne saurait créer et entretenir un établissement secondaire, dirigé par des professeurs laïques, elle indiquait tous les avantages de la proposition faite par Mgr Lequette : augmentation des recettes d'octroi, extension du commerce local, économie pour les familles et chances d'avenir pour les enfants; puis elle abordait l'étude des conditions financières proposées par l'évêché : « la subvention de 3,000 francs ne lui paraissait pas trop élevée, en considération des avantages que l'établissement procurerait à la localité ; mais, eu égard aux ressources de la ville, ce sacrifice financier lui a semblé fort lourd à supporter, surtout pendant les premières années ». Par l'entremise de M. le doyen, elle a obtenu de meilleures conditions, « auxquelles elle donne, à l'unanimité de ses membres, toute son adhésion, et qu'elle présente à l'adoption du conseil municipal ».

Après discussion, le conseil adopte, *à l'unanimité,* les conclusions du rapport de la commission. En conséquence :

« 1° Il déclare accepter la proposition de Mgr l'Évêque d'Arras, contenue dans la lettre du 6 février dernier, de fonder à Bapaume un établissement d'instruction secondaire libre, et s'engage à payer à l'évêché, pendant douze années, une subvention annuelle de 3,000 francs ;

« 2° Il sollicite du gouvernement l'autorisation de vendre à l'amiable, à l'évêché d'Arras, moyennant le prix de dix-neuf mille francs, le terrain et les bâtiments communaux appelés « le Fer-à-cheval ; »

« 3° Il autorise M. le Maire à passer, avec l'évêché d'Arras, l'acte nécessaire pour la réalisation de la convention qui précède, laquelle sera soumise, avec les conditions accessoires, à la ratification du conseil municipal ».

D'autre part, le 12 mai, la même assemblée, réunie avec les plus imposés d'entre les habitants, votait l'ajournement de l'emprunt à faire pour la construction d'une école primaire laïque.

Tout semblait donc concourir à la conclusion de l'affaire, et pourtant on n'arrivait à aucun arrangement définitif, comme le prouve une nouvelle lettre adressée par Mgr Lequette à M. Pajot, maire de Bapaume :

« *Évêché d'Arras, le 4 juin 1879.*

« Monsieur le Maire,

« Par votre lettre, en date du 8 avril dernier, vous m'avez fait l'honneur de m'informer que vous avez soumis au Conseil municipal la proposition, contenue dans ma lettre du 6 février, d'ouvrir à Bapaume un établissement libre d'instruction secondaire. Vous m'avez en même temps adressé copie de la délibération, en date du 21 mars, par laquelle ledit Conseil avait accueilli, *à l'unanimité,* les conclusions du rapport de la commission sur cette proposition.

« Je désirerais, Monsieur le Maire, conclure immédiatement

l'acte que vous êtes autorisé, par le Conseil municipal, à passer avec moi, pour la réalisation de la convention arrêtée dans la délibération précitée, afin qu'il soit soumis sans délai à l'approbation de l'autorité supérieure. Vous comprendrez facilement qu'en ce qui me concerne, il n'y a pas de temps à perdre pour l'organisation du personnel et du matériel de l'établissement projeté. Je ne voudrais pas qu'on puisse m'imputer le retard apporté dans l'exécution d'une mesure que le Conseil municipal a accueillie avec une sympathie unanime et qui répond si bien aux vœux des habitants de Bapaume. »

L'opposition ne pouvait venir que du préfet, qui s'appelait M. Camescasse. Mécontent du rejet, par le Conseil municipal, de l'emprunt en faveur de l'école laïque, il avait provoqué une nouvelle délibération, et s'était attiré un nouveau refus. En revanche, il tenait en échec le projet de création d'un établissement secondaire ecclésiastique, et sacrifiait à ses plans de sectaire les véritables intérêts du pays bapalmois.

Cependant, le temps s'écoulait. A la fin de juin, l'administration épiscopale trouvait qu'il était déjà bien tard pour se mettre à l'œuvre : mieux vaut attendre un an, disait-on déjà.

Ce ne fut pas la pensée de M. le doyen, qui continua de plaider, et devant la ville, et devant l'Évêché, la cause du collège.

A la fin d'août, il obtenait une nouvelle intervention de l'Évêché : M. Roussel, au nom de Monseigneur, adressa à M. le Maire la lettre suivante :

« Monsieur le Maire,

« Par sa lettre du 6 février dernier, Monseigneur a manifesté le désir de rétablir à Bapaume le collège que les magistrats de la cité avaient fondé le 24 octobre 1690, et qui resta florissant et prospère jusqu'au 16 ventôse an II.

« Voulant, comme ces magistrats le voulaient, rendre facile l'entrée de toutes les carrières aux enfants de la ville et des environs, il a offert d'ouvrir, en son établissement, des cours de latin et des cours de français.

« Les premiers comprendraient les classes de grammaire, et

les seconds embrasseraient l'instruction primaire, l'instruction primaire supérieure, les cours professionnels, etc.

« Le Conseil municipal, s'inspirant des désirs, des besoins et des intérêts de la ville entière, a accepté ces propositions *deux fois*, et *à l'unanimité* des membres présents à la séance.

« Cependant cette question, si importante pour la localité, ne se résout point.

« Et pour que l'opinion publique ne s'égare pas, pour que chacun ait devant la population la reponsabilité qui lui revient, Monseigneur m'a chargé de vous écrire la présente lettre et de rendre publique la communication que j'ai l'honneur de vous faire de sa part.

« Sa Grandeur persiste dans ses intentions bienveillantes pour sa ville natale. Aujourd'hui comme au 6 février, Elle possède les moyens de réaliser son établissement, aussitôt que les conditions posées seront acceptées.

« A la vérité, le contrat provisoire passé avec un propriétaire de la ville a cessé d'être valable depuis le 5 août, ledit propriétaire n'ayant pas cru devoir maintenir, pendant une année, sa promesse de vente, malgré l'offre d'une somme considérable pour indemnité conditionnelle ; de plus, des raisons multiples ont fait perdre l'espérance d'obtenir la cession légale de la propriété, dite « le Fer-à-cheval ».

« Mais Sa Grandeur s'est assuré un autre local, lequel, heureusement d'ailleurs, est plus spacieux, plus aéré, plus commode.

« Les aménagements que nécessite l'établissement d'une institution secondaire demandent trop de temps pour qu'il soit possible de l'ouvrir en octobre prochain.

« Nous le regrettons bien vivement pour les familles nombreuses qui le désiraient et qui déjà nous avaient offert leurs enfants.

« Plusieurs pères de famille de Bapaume ont exprimé le vœu d'avoir, à la rentrée des classes, au moins un externat.

« Certes, personne n'ignore combien Monseigneur désire être agréable à ses concitoyens.

« Mais, pour ouvrir même un externat, il faudrait être assuré par avance, que l'établissement doit être définitivement fondé et que les conditions, posées antérieurement, sont acceptées.

« La commission nommée par le Conseil municipal pour étudier ces conditions et préparer le traité à intervenir, nous a fait connaître les charges qui grèvent la ville jusqu'en 1882; elle nous a particulièrement demandé, pour les exercices 1880 et 1881, une réduction sur la subvention annuelle de 3,000 francs. Cette réduction avait été consentie et devait être réalisée, tout à la fois par l'élévation du prix de vente et par le mode de paiement « du Fer-à-cheval. »

« Après six mois d'une inutile attente, Monseigneur ne peut plus espérer la cession légale « du Fer-à-cheval, » et il ne pourrait plus même l'accepter dans les circonstances actuelles; cependant, il ne pense pas revenir sur la réduction qu'il a consentie: la subvention de 3,000 francs serait abaissée à 1,300 francs pour chacune des deux premières années scolaires.

« Le parti le plus rationnel serait de solliciter et d'attendre la ratification du traité qui interviendrait à ce sujet entre Monseigneur et la ville de Bapaume.

« Mais la ratification de ce traité demandera et beaucoup de formalités et beaucoup de temps.

« Or, six semaines nous séparent de la rentrée des classes. Si l'on veut ouvrir en octobre prochain un externat, il conviendrait de commencer immédiatement les appropriations nécessaires. De plus, aux termes de l'article 27 de la loi du 15 mars 1850, le titulaire du futur établissement est tenu de faire sa déclaration légale, un mois au moins avant l'ouverture des classes.

« Ces motifs ont déterminé Monseigneur, vu la confiance entière qu'il a dans ses concitoyens, à se contenter d'une sorte de contrat d'honneur, qui serait passé entre lui et sa ville natale. Il fonderait son institution, si Messieurs les membres de l'Administration et du Conseil municipal d'une part, Messieurs les plus imposés et les pères de famille d'autre part, lui assuraient, par un acte quelconque, que la subvention réclamée sera annuellement votée.

« Des raisons diverses et facilement appréciables peuvent

déterminer les habitants de Bapaume à remettre à plus tard l'ouverture de cette institution secondaire.

« Monseigneur n'entend et n'entendra jamais peser sur leurs décisions.

« Les intérêts de sa ville natale lui seront toujours chers, et, à toute époque, Sa Grandeur s'efforcera de faire en sa faveur tout ce que les circonstances lui permettront de tenter.

« Daignez agréer, Monsieur le Maire, l'assurance de ma haute et respectueuse considération.

« E. ROUSSEL,
« *Vic. gén.* »

Cette nouvelle démarche ne fut pas plus heureuse que les précédentes. On fit intervenir la presse à gages, *Avenir* d'Arras et *Petit Nord*, et voici le mot d'ordre qui fut donné : « Un Conseil municipal qui se prétend libéral, ne saurait accorder la moindre subvention à une telle institution privée, qui sera certainement dirigée, d'une façon occulte, par les jésuites, c'est-à-dire les pires ennemis de nos institutions. »

D'aussi puissantes raisons ne pouvaient qu'ébranler un Conseil municipal « qui se prétendait libéral », et lui faire abandonner les véritables intérêts, tant moraux que matériels de la ville. Bapaume n'avait plus à sa tête des magistrats comme ceux de 1690 !...

La crainte que la création d'un collège ecclésiastique inspirait aux ennemis de la religion, l'opposition qu'elle rencontrait de la part des agents d'un gouvernement, hostile à tout ce qui est bon et honnête, c'étaient autant de raisons d'en presser la réalisation. Mgr Lequette le comprit et résolut de pousser jusqu'aux dernières limites sa condescendance et sa générosité à l'égard de sa ville natale. L'ouverture d'un collège fut décidée, et ce que l'on avait cru impossible de faire en quelques mois, la prodigieuse activité de M. le doyen allait l'exécuter en trois semaines.

Au 15 septembre 1879, on annonçait que l'institution Saint-Jean-Baptiste s'ouvrirait, le 7 octobre, pour recevoir pensionnaires, demi-pensionnaires et externes ; en trois semaines, la maison de M. Decauquy était transformée, et, au jour dit, un nouveau personnel était là pour recevoir 18 pensionnaires et 40 externes. La messe du Saint-Esprit fut chantée dans la chapelle de l'hospice ; les parents s'y trouvaient, ravis ; mais personne ne l'était autant que M. le doyen, dont les rêves se réalisaient d'une façon inespérée.

Le 13 novembre suivant, Mgr Lequette, accompagné de M. Roussel, vicaire général, venait rejoindre, à Bapaume, Mgr Catteau, évêque de Luçon, arrivé de la veille. Les prélats honorèrent l'institution Saint-Jean-Baptiste de leur première visite, admirèrent l'heureux aménagement du local et félicitèrent le nouveau supérieur, M. Vasseur, de la bonne tenue des enfants. Puis, par une de ces attentions délicates qui lui étaient familières, Mgr Lequette profita de la présence de Mgr Catteau pour élever M. le doyen à la dignité de chanoine honoraire et lui offrir ses insignes, de concert avec Mgr de Luçon.

A la fin de l'année scolaire 1879-1880, l'affluence des ecclésiastiques, des parents et des habitants de Bapaume à la distribution des prix proclamait hautement la sympathie dont était l'objet le collège restauré. M. le doyen, heureux de ces premiers succès, disait ses espérances : « L'institution Saint-Jean-Baptiste, si tardivement annoncée l'année dernière, a compté, dès son ouverture, cinquante-sept élèves avec quatre professeurs ; l'an prochain, elle aura huit professeurs et cent élèves. »

L'année suivante, 1881, en effet, dans la même circonstance, M. le doyen n'avait qu'à se livrer aux effusions de sa joie et à l'expression de sa reconnaissance envers Dieu, de qui descendent toutes les bénédictions : « L'an dernier, disait-il, je vous avait prédit huit professeurs et cent élèves ; »... (A ce moment, M. le supérieur lui souffla le chiffre exact des élèves présents,) ... « le bon Dieu, qui fait toujours bien les choses, a été plus généreux : il nous a donné les quatre au cent. La maison a compté, dans le cours de l'année, jusqu'à cent quatre élèves, pensionnaires et externes. »

Ces succès croissants imposaient l'obligation de chercher un autre local et de préparer une autre installation.

§ III. — Défense des Servantes de Marie.

Vers la fin de 1880, M. le préfet du Pas-de-Calais avait demandé l'avis du Conseil municipal sur le projet de reconnaissance légale de l'orphelinat des Servantes de Marie.

Les membres désignés pour composer la commission chargée de l'examen de cette question, déposèrent leur rapport à la séance du 20 décembre 1880, et le public en eut connaissance le 26 décembre suivant. C'était une œuvre à laquelle tout faisait défaut : la vérité, l'impartialité, le style et même l'orthographe. Néanmoins, comme les sottises imprimées n'obtiennent que trop grand crédit près d'un public, généralement incapable de discerner le vrai du faux ou enclin à la malveillance, M. le doyen crut devoir prendre la défense des Servantes de Marie : l'attaque avait paru dans le journal de la localité, la justification y fut également publiée. Elle commençait ainsi :

« Le rapport que vous avez lu, Messieurs, au Conseil municipal, en sa séance du 20 courant, et que le *Cantonal* a publié dimanche dernier, est une suite non interrompue d'inexactitudes et d'erreurs. Le devoir de ma charge est d'essayer de rétablir la vérité ; je veux espérer que vous ne le trouverez pas mauvais. Je suivrai votre rapport pas à pas, et, pour plus de précision, je le citerai souvent.

« M. le Préfet, assurez-vous, demandait au Conseil municipal une simple formalité, et, si vous avez parlé, vous ne l'avez fait que dans le but *de renseigner l'administration supérieure en même temps que vos concitoyens.*

« Vous vouliez renseigner l'administration supérieure et vos concitoyens, Messieurs. Pourquoi donc ne vous êtes-vous point efforcés d'arriver à la connaissance des faits ? Ne le deviez-vous pas, puisque vous aviez accepté cette mission du Conseil municipal. Pourquoi n'avez-vous pas consulté ceux que vous saviez possesseurs du dossier de l'affaire à traiter ? Ce dossier, je le tiens à votre disposition.

« J'entre avec vous dans la question qui vous occupe.

« Vous affirmez donc, Messieurs, qu'une personne pieuse — nommons-là : Mme Élisabeth Duchatel, veuve de M. Joseph-

Nicolas Georges, — fit venir à Bapaume les Servantes de Marie, à l'effet de visiter et de soigner les seuls malades pauvres, à l'exclusion des riches.

« Vous vous trompez, Messieurs ; c'est le contraire de votre affirmation qui est la vérité.

« Dans l'Église catholique, dans une paroisse chrétienne, chaque communauté religieuse a son office spécial, comme chaque membre de toute famille laborieuse et bien organisée a sa charge particulière.

« Mme Georges le savait ; et, comme nos Sœurs de Charité avaient déjà, dans la paroisse, le soin spécial des pauvres, elle destinait les Servantes de Marie à soulager d'autres souffrances et à consoler d'autres douleurs.

« La volonté de la fondatrice est clairement exprimée dans un registre spécial que je possède et dans son testament, où nous lisons : « Lesdites religieuses auront toujours pour office..... de soigner à domicile, moyennant une rétribution, les malades qui déjà ont une certaine aisance. »

« Les Servantes de Marie n'eurent donc point, Messieurs, à abandonner une œuvre qu'elles n'ont jamais commencée ; et vous me seriez agréable en me citant un seul fait qui confirmerait vos gratuites affirmations.

« Vous continuez : « Aujourd'hui, enfin, elles visitent les riches, mais les riches qui leur conviennent. »

« Messieurs, les religieuses ont au cœur la charité chrétienne et jamais elles ne font œuvre de parti. Je le savais. J'ai voulu pourtant m'informer.

« Il est arrivé parfois que toutes les religieuses garde-malade étaient au service, lorsque survenaient de nouvelles demandes. Comment les agréer ? Fallait-il abandonner un malade pour un autre ? Est-ce cette préférence indigne que vous auriez voulue ?

« Une seule fois, on a refusé d'aller à Ligny-Tilloy, et M. Guibet sait dans quelles circonstances ; cet honorable docteur a fait demander une religieuse, la nuit venue, par un homme en état d'ivresse, au point de ne pouvoir monter l'escalier de la maison. Il fut répondu que l'on irait le lendemain matin.

« Je veux croire, Messieurs, que vous tenez ce refus pour

légitime. S'il n'en était pas ainsi, je vous dirais que nos religieuses savent se respecter.

« Peut-être mettrez-vous en doute ces affirmations et préférerez-vous accorder votre créance à quelques *racontars?* Faites donc une enquête ; c'est de mode aujourd'hui ; cette enquête, loin de la redouter, nous la sollicitons. »

M. le doyen poursuivait ses rectifications :

« Outre le soin des malades, Mme Georges avait un autre but en faisant venir à Bapaume les Servantes de Marie : elle voulait la fondation d'un orphelinat.

« Cette volonté est clairement exprimée dans la première lettre qu'elle fit écrire à leur Supérieure, le 28 octobre 1866, pour faire appel à leur dévouement : « A cette œuvre principale des garde-malades, y disait-elle, s'adjoindra la tenue d'un orphelinat destiné à élever quelques petits garçons. »

« Elle rappelle cette condition formelle dans son testament. Et mon prédécesseur aussi formulait la même exigence, en leur faisant donation de la somme de vingt mille francs qu'il avait recueillie.

« Est-ce clair, Messieurs ?

« Vous me paraissez ignorer aussi notre histoire locale. Permettez-moi de vous en rappeler un fait important.

« La vente de la caserne était décidée, et, le jour de l'adjudication, on remarqua, vers dix heures du matin, deux habitants de Lille venus avec l'intention, hautement exprimée, d'acheter cet immeuble pour le démolir.

« Plusieurs notables de la ville s'en émurent, et, dans le seul but de conserver à la localité cette magnifique construction, s'unirent pour en faire l'acquisition ; ils espéraient, avec raison, qu'un jour viendrait où il serait possible de l'utiliser.

« Ils ne la revendirent que plus tard aux Servantes de Marie, et celles-ci ne consentirent à cet achat, trop onéreux pour elles, qu'après beaucoup d'hésitation.

« Si la caserne avait été achetée, comme vous l'affirmez, avec l'intention d'y établir cette communauté, on n'aurait point eu à payer deux fois les droits de mutation. »

Après ces rectifications, que nous avons rappelées parce qu'elles nous font connaître l'originé et le but d'une œuvre dont nous aurons à parler encore, M. le doyen arrivait à la fin du rapport :

« Vous n'avez pas tiré de conclusion de votre rapport. Ce n'était pas nécessaire : elle se tire d'elle-même. Ce rapport, pour me servir d'une expression à la mode, suinte par tous ses pores l'expulsion violente des Servantes de Marie.

« Ces religieuses, dites-vous, ne tiennent pas leurs engagements ; elles ont abandonné *leur spécialité d'occupation qui n'était guère productive*. Elles manquent aux devoirs essentiels de leur charge, en ne soignant pas les pauvres ; elles font œuvre de parti, en visitant les riches, mais les riches qui leur conviennent. Elles ont établi un orphelinat, contrairement à la loi, à leurs règles et à la volonté de leurs fondateurs ; elles ont un actif considérable ; elles appauvrissent le pays et font à nos établissements de charité une concurrence extrêmement dangereuse.

« Le gouvernement pourtant a le droit et le devoir de s'informer de l'état réel des choses, et il tolère leurs agissements !

« Donc......

« Pourquoi vous arrêter, Messieurs ?

« Votre conséquence, je le répète, se tire d'elle-même. Donc.... crochetons leurs serrures, brisons leurs portes, jetons-les dans la rue, elles et leurs enfants.

« J'en ai fini. Ainsi, Messieurs, c'est avec de pareilles armes que vous vous êtes attaqués à de pauvres petits orphelins, à des femmes et à des religieuses, que le gouvernement lui-même voudrait respecter.

« Permettez-moi de vous le dire, vous avez fait une mauvaise action. »

Comme bien on pense, les malencontreux rapporteurs n'essayèrent pas d'opposer des faits à cette rigoureuse réfutation ; ils balbutièrent quelques injures, puis gardèrent le silence, accablés par les moqueries, les sifflets et le mépris du public.

La population saine de Bapaume apprenait avec satisfaction

que M. le doyen n'hésiterait pas à accomplir son devoir et à défendre les œuvres confiées à sa sollicitude ; elle constatait, avec non moins de bonheur, qu'il saurait le faire en maître.

§ IV. — Négociations pour l'acquisition de la Caserne.

M. Dollé venait à peine d'arriver à Bapaume, qu'au projet de relever le collège des jours anciens il joignait celui de l'installer dans une partie de ce magnifique bâtiment construit à usage de caserne de cavalerie.

Le 29 novembre 1878, il se mettait en rapport avec les supérieures de la communauté des Servantes de Marie, en résidence à Anglet, près de Bayonne, et en obtenait la promesse formelle que moitié de l'immeuble serait loué à l'évêché, s'il voulait y établir un collège.

On eut plus tôt fait d'approprier la maison de M. Decauquy, en sorte que les négociations furent interrompues ; mais dès que M. le doyen put augurer que ce local serait promptement insuffisant, il jeta de nouveau ses vues sur la caserne.

Il faut dire que ses projets ne reçurent pas d'abord l'agrément de l'évêché. Pour Mgr Lequette, élevé à Bapaume, la caserne ne se prêterait jamais aux modifications indispensables, à l'aménagement désirable : sans lumière et sans air, elle ne serait jamais qu'une caserne.

M. le doyen n'en parla plus et sembla avoir renoncé à ses projets ; mais, dès ce jour, il se mit au travail. Prenant avec lui l'un de ses vicaires, M. Wyart, il commença par s'assurer de toutes les mesures : c'était le travail de la journée ; la soirée, et quelquefois la nuit, se passait à faire des plans, et Dieu sait combien furent conçus, portés sur le papier et ensuite jetés au panier !

Quand M. le doyen, à force de travail, fut sûr de son affaire, il alla se présenter à Mgr Lequette, armé de toutes pièces, et lui démontra, non-seulement la possibilité, mais la facilité d'établir un collège dans la caserne ; il fit pressentir la beauté de l'exécution et insista sur un point qui avait son importance, le bon marché relatif du travail d'appropriation. Monseigneur fut ébranlé, mais il voulait se rendre compte par lui-même et promit d'aller à Bapaume : il doutait encore qu'on pût faire pénétrer la lumière dans les profondeurs de la caserne. Avant son arrivée, M. le doyen fait ouvrir quatre fenêtres à ses frais, construit avec des planches une immense salle de récréation pour les orphelins, et Monseigneur, à son entrée, est tout ébahi de se voir inondé de clarté. Du côté de l'évêché, la cause était gagnée.

Du côté des Servantes de Marie, ce fut, et beaucoup plus difficile, et beaucoup plus long.

Le 10 avril 1880, la promesse de louer une partie de l'immeuble est renouvelée, mais la conclusion de l'affaire est renvoyée au mois de septembre, qui est l'époque des retraites et qui amène ordinairement les supérieures des Servantes de Marie à Bapaume.

Au mois d'août, la conclusion est encore renvoyée plus loin :

« Malgré notre meilleure volonté à l'égard de votre œuvre, écrit-on à M. le doyen, la conscience nous fait un devoir de penser à l'avenir de nos sœurs de paroisse, qu'une loi radicale est près de renvoyer de leurs écoles ; il nous faut pour elles un asile, et la Communauté ne pourrait le leur accorder. C'est donc à Bapaume que nos sœurs du Nord et des autres départements se retireraient, pour attendre la fin de la tourmente ou pour se préparer, par un travail long et opiniâtre, à répondre aux exigences de nos législateurs. En prévision de ce mouvement, nous sommes d'avis de ne point prendre d'engagement définitif envers vous, au moins cette année : la prudence nous commande de rester libres. »

Le coup dut être rude pour M. le doyen, qui croyait déjà tenir la caserne ; nous pouvons en juger par la lettre qu'il reçut quelques jours plus tard, le 12 août, de la supérieure des Servantes de Marie. Nous y lisons :

« Je ne croyais pas vous causer, par ma dernière lettre, une douleur aussi profonde et des embarras aussi considérables......

« Puisque vous vous êtes engagé devant Monseigneur, devant les familles et devant tous vos paroissiens, la reconnaissance et l'estime que nous professons pour vous me font un devoir de ne point vous créer une situation fâcheuse. Nous reviendrons donc à nos premières combinaisons ; nous reprendrons l'affaire pour la traiter définitivement, comptant bien sur la promesse, que vous daignez nous faire, de remettre l'immeuble entièrement à la disposition de la communauté, au moment où elle en aurait absolument besoin. »

M. le doyen semblait donc pouvoir se rassurer, et pourtant les déboires n'allaient pas moins continuer.

Avant de poursuivre, il faut dire, à la décharge des Servantes de Marie, qu'elles subissaient, malgré elles, de singulières influences, et qu'elles étaient étrangement renseignées par des lettres parties du Pas-de-Calais, et écrites par les mains qui auraient dû le moins se prêter à ces inqualifiables procédés.

Le 10 Avril 1880, les Servantes de Marie avaient promis de déterminer les termes du bail à la retraite annuelle du Nord, en septembre ; en septembre, les supérieures déclarent avoir besoin de retourner à la Communauté pour tout décider.

Au mois d'octobre, quand M. le Doyen demande à connaître cette décision, il faut attendre la réunion de toutes les sœurs qui composent le conseil, et qui sont dispersées pour présider les retraites locales.

Au mois de décembre, on déclare que le R. P. Basilide Bourdenne, architecte de la Communauté et son conseil, a besoin de venir à Bapaume pour donner son avis, et qu'il y viendra vers la fin de janvier.

Au mois de février, on annonce que le voyage est remis au 10 mars.

Le 14 mars 1881, M. le vicaire général, mandataire de l'évêché, repoussait les propositions de bail « tout à fait inacceptables » — écrit M. le Doyen — que faisaient les Servantes de Marie, aidées de leur conseil, le R. P. Bourdenne, religieux de Bétharam.

Ici se placent deux incidents, qui peignent au vif le cœur de M. le Doyen de Bapaume et qu'il faut noter.

Il y a d'abord une lettre aux supérieures des Servantes de Marie, écrite le 15 mars, le lendemain du rejet de leurs propositions. Nous y lisons :

« La lettre, fort étonnante, que vous m'avez écrite, à la date du 14 courant, et la réponse (de l'évêché) que je vous ai fait pressentir, m'ont jeté dans la douleur la plus profonde : jamais je n'avais ressenti semblable secousse.

« Hier, tenant ferme contre la douleur poignante que me valait la singulière tournure des négociations, entamées depuis deux ans, je vous ai fait remarquer, qu'entre vous et l'évêché, se trouvait la seule difficulté de cinq années de bail à 1,200 fr., soit 6,000 fr.; je vous ai très formellement et très clairement averties que le maintien de cette clause aurait été la cause certaine d'une rupture très fâcheuse, *et je vous ai offert de vous verser cette misérable somme de 6,000 fr.* Vous avez déclaré ne vouloir pas m'imposer cette charge.... »

Vient ensuite une lettre adressée le 18 mars à la supérieure *locale* des Servantes de Marie de Bapaume. La voici en entier :

« Je viens solliciter de vous et de nos bonnes Sœurs une faveur à laquelle je tiens beaucoup.

« Vos supérieures vont revenir (1). De grâce, qu'aucune de vous, ni même vous, ma bonne Mère, ne disiez un seul mot de nos graves difficultés pendantes ; restez toutes absolument en dehors de cette question ; ne parlez que sur interrogation et que vos réponses soient très brèves.

« Mon devoir est d'agir, j'agirai encore ; et aujourd'hui, ou demain, si je ne puis aujourd'hui, j'écrirai aux supérieures une nouvelle lettre officielle.

« Si nous devons subir l'humiliation et le malheur qui nous menacent, le bon Dieu nous accordera la grâce de ne point succomber sous notre croix.

« Dites à vos sœurs, persuadez-vous vous-même, que rien ne sera changé dans mon affection pour mes bons petits enfants, dans mon dévouement paternel pour chacune de vous.

« Je dois à chacune de vous l'exemple de la résignation à la volonté de Dieu ; j'espère, avec le secours de notre bonne Mère, ne point faillir à mon devoir.

(1) Elles s'étaient absentées pour visiter quelques-unes de leurs maisons du Nord.

« Je demande que cette lettre reste ce qu'elle est, c'est-à-dire tout à fait confidentielle. (1)

« Je vous l'écris, afin de vous rassurer pour l'avenir, et afin d'amoindrir, dans la mesure du possible, vos grandes douleurs actuelles.

« Tout à vous en N.-S. et en N. M.,

« DOLLÉ, p^{tre}. »

Le 19 mars 1881, l'affaire entrait dans une phase nouvelle. Les Servantes de Marie proposaient de reprendre les négociations sur d'autres bases ; elles étaient disposées à vendre la moitié de la caserne, et à fixer le prix de vente, de manière à rentrer dans leurs frais d'acquisition et d'appropriation. C'est en laissant ces promesses qu'elles reprirent le chemin de Bayonne.

De nouvelles difficultés ne tardèrent pas à surgir.

M. le doyen, agissant au nom de l'évêché et s'appuyant sur des pièces authentiques, supputa ce que la caserne avait coûté aux Servantes de Marie : d'après le principe posé, la moitié de la somme devait indiquer exactement le prix de vente.

Quand il communiqua, le 22 avril, le résultat de ses calculs au P. Bourdenne, celui-ci déclara être arrivé à un résultat de moitié plus considérable.

« Si vous acceptez encore, mon Révérend Père, le principe qui est la base de nos négociations nouvelles, écrivait M. Dollé, vous qui possédez vos calculs et avez les miens, soyez assez bon pour nous dire la cause de la différence énorme qui existe entre le résultat que j'ai obtenu, en m'appuyant sur des pièces authentiques, et le résultat que vous voulez bien m'indiquer.

« Veuillez bien le remarquer : si ce principe reste debout, il ne peut y avoir entre nous qu'une question de chiffres. Je suis prêt assurément à toute vérification et disposé à reconnaître toute erreur. Toutefois, et vous le comprendrez aisément, je ne saurais me contenter d'une simple affirmation, si contraire à mes recherches et à mes calculs. J'agis au nom de mon évêque et de son vicaire général, et il faut que je leur remette un dossier complet. »

(1) Il a fallu la mort de M. le doyen pour en obtenir communication.

Cette demande, pourtant si raisonnable, ne reçut pas de réponse.

Sur l'intervention de M. Roussel, écrivant à son tour, au nom de Mgr Lequette, on obtint une lettre ; mais cette lettre indiquait que les Servantes de Marie mettaient complètement de côté le principe, d'après lequel elles avaient résolu d'abord de fixer le prix de vente.

Monseigneur, froissé de ces tergiversations, donna ordre d'écrire immédiatement qu'il refusait désormais de traiter.

M. le doyen, avisé aussitôt, prit avec lui M. Vasseur et courut à Arras. Mgr était absent. Il n'en plaida pas moins, pendant une heure, la cause du collège, et il la gagna, comme l'indique la lettre suivante de M. Roussel aux Servantes de Marie, qui met fin à l'affaire :

« Votre lettre du 16 juin a fait une grande peine à Monseigneur, qui s'explique difficilement ces changements continuels dans les conditions posées. Il fallait de suite indiquer un prix de vente, comme c'était votre droit, et non pas poser ou du moins accepter une base, laquelle, en fin de compte, est aujourd'hui complètement mise de côté. Aussi Sa Grandeur avait-elle déclaré ne vouloir plus traiter et m'avait chargé de vous en informer. Mais M. le doyen de Bapaume, averti de cette résolution, est venu nous supplier si instamment, que Monseigneur, par condescendance pour lui, a consenti à conclure. Il accepte donc vos conditions..... »

Quelques jours plus tard, M. le doyen écrivait à la Supérieure générale des Servantes de Marie :

« Monseigneur veut bien me dire qu'il s'est définitivement entendu avec vous pour la cession d'une partie de votre immeuble de Bapaume, que le prix est arrêté, et que les formalités du contrat seront remplies sous très peu de temps.

« Je remercie le bon Dieu et Notre-Dame de Pitié de l'heureuse issue des négociations entamées et je me permets d'offrir l'expression de ma reconnaissance à vous et aux bonnes Sœurs du Conseil. »

On était à la fin de juin 1881.

V. — La transformation de la caserne en collège.

Le contrat de vente n'était pas signé que déjà commençaient les travaux d'appropriation : c'était au mois de septembre 1881. Comme il s'agissait, non pas de construire, mais d'aménager, on put attaquer tous les étages à la fois : vingt-huit ouvriers, recrutés à Bapaume, y furent employés.

M. le doyen ne pouvait pas, on le pense bien, les suivre comme il l'aurait voulu, être toujours au milieu d'eux ; il s'entoura d'aides et fut admirablement secondé par M. Aimé Théry, conseiller municipal, et par M. Wyart, vicaire de la paroisse.

M. Aimé Théry fut le surveillant assidu et bénévole de tous les travaux ; il arrivait chaque matin sur le chantier avant les ouvriers et il en fermait les portes le soir. C'était un collaborateur précieux, parce qu'il avait l'expérience des constructions et une connaissance toute spéciale des bois qu'il fallut employer en si grande quantité. Il n'ambitionna jamais d'autre récompense que l'amitié de Mgr Lequette, son compagnon d'enfance, et de M. Dollé, son vénéré doyen.

M. Wyart ne se sentait sans doute pas, en arrivant à Bapaume comme vicaire, l'étoffe d'un chef d'équipe et d'un entrepreneur de travaux de construction. Il eut le bonheur de rencontrer, en M. Dollé, un doyen qui excellait à exploiter les aptitudes, au besoin à les faire naître et à les développer. M. Wyart aida M. Théry dans la surveillance des travaux, autant que le lui permirent les occupations du ministère paroissial. Il avait plus spécialement la charge d'indiquer aux ouvriers le travail à exécuter, de passer les marchés, de régler les comptes ; au besoin, il devenait l'exécuteur des hautes œuvres, congédiait un ivrogne, ou infligeait à un ouvrier négligent une retenue sur son salaire.

Quand M. le doyen venait sur le chantier, et cela arrivait bien souvent, il s'assurait que ses plans avaient été exactement compris et de tout point exécutés, donnait de nouvelles explications, s'il était nécessaire, corrigeait les défauts qui avaient pu échapper à la prévision et que révélait l'exécution, faisait tout cela avec sa bonne humeur habituelle, s'exprimant en termes familiers et en locutions du métier, et ne ménageant pas les encouragements. Cela plaisait aux ouvriers, heureux déjà de trouver, dans la caserne, du travail en hiver comme en été, et de réaliser de jolis gains, parce que tout leur était donné à l'entreprise, rien à la journée. Quand venait la fin d'un travail important et qu'on plaçait *le bouquet*, M. le doyen se laissait aller à sa générosité habituelle ; de même il n'écoutait souvent que son cœur, quand il plaidait, près de M. Wyart, la cause d'un ouvrier, menacé de congé ou de retenue sur son salaire.

La caserne est divisée au milieu par un pavillon : c'est là que s'arrête la partie cédée à l'évêché pour les Servantes de Marie. Elle était à usage de cavalerie, et le rez-de-chaussée n'offrait qu'une vaste et longue écurie, faiblement éclairée par des lucarnes, et coupée de distance en distance, dans le sens de sa largeur, par d'énormes piliers soutenant des arcades en grès, sur lesquelles sont construits les murs qui séparent les chambrées, au premier, au second étage et au grenier.

M. le doyen remplaça les lucarnes par des fenêtres élancées, terminées en plein cintre, et quand, par ce procédé, il eut fait pénétrer l'air et la lumière dans l'intérieur, il trouva moyen de substituer à l'écurie une chapelle élégante, un vaste parloir et un réfectoire en communication avec la cuisine et ses dépendances.

Les chambrées, divisées, au besoin, en deux parties égales, fournirent , au premier étage, les appartements de M. le Supérieur et les classes ; au second, les chambres de professeurs. Aux portes étroites et basses on substitua de larges ouvertures, et la partie supérieure, garnie de vitres, laissa pénétrer la lumière dans les corridors.

Les greniers étaient extraordinairement élevés ; ils furent divisés en deux, dans le sens de la hauteur ; la partie supérieure resta à l'état et à usage de grenier, ayant encore sept mètres de hauteur sous le faîte ; la partie inférieure fut transformée, à l'aide de plafonds, en vastes et beaux dortoirs, parfaitement aérés, et échappant aux risques d'une trop grande chaleur en été et d'un froid excessif en hiver.

A chaque extrémité du corps de bâtiment se trouve un

escalier : à l'entrée, faisant suite à une galerie vitrée, l'escalier d'honneur pour les parents et les étrangers ; à l'autre extrémité, l'escalier de service, qui mène les enfants du dortoir ou des classes à la porte de la chapelle, du réfectoire ou de l'étude, que l'on a dû construire à part et qui forme un angle droit avec le corps de bâtiment principal.

La caserne a disparu : à l'extérieur, les fenêtres du rez-de-chaussée accusent immédiatement une nouvelle destination de l'édifice ; à l'intérieur, l'air et la lumière pénètrent partout en abondance, les lois de l'hygiène sont admirablement sauvegardées ; la disposition du local est commode pour les maîtres comme pour les élèves ; la surveillance se fait avec une extrême facilité et la dernière parole du visiteur est toujours celle-ci : « Rien ne laisse à désirer. »

Pour arriver à ce résultat, que de difficultés à surmonter.

Tous les plans furent faits par M. le doyen, un seul demandé à un architecte ; encore ne fut-il pas exécuté. Tout était si bien combiné, que le jour où il fallut agrandir les locaux pour accueillir le nombre toujours croissant des élèves, il n'y eut pas à recourir à des modifications essentielles ; il suffit de reculer quelques murs aux dépens de la salle de récréation transportée ailleurs. Mais le travail était parfois bien pénible, les recherches bien longues. Donnons-en un exemple. Les escaliers de la caserne étaient doubles ; il fallait trouver un moyen de les utiliser, sans les démonter complètement. M. Dollé y pensa longtemps, essaya de beaucoup de façons, et pourtant il n'aboutissait pas. Un soir, il offrit une bouteille de champagne à M. Wyart, s'il trouvait le premier un plan satisfaisant. Des deux côtés, on passa la nuit, et, le lendemain, quand M. Wyart, tout heureux, voulut ouvrir la bouche pour dire :« J'ai trouvé, » M. le doyen lui développa de mémoire un plan de tout point exact.

L'imprévu apportait également son surcroît de besogne et aussi de dépenses. On savait que, dans deux chambrées, la voûte avait fléchi d'une manière sensible, mais on comptait sur la solidité des autres. Quelle désagréable surprise ce fut donc, quand on découvrit que toutes les poutrelles du premier étage, à peu près, étaient pourries ! Que de frais aussi pour jeter bas toutes ces pièces de bois, et les remplacer par des solives fort coûteuses, recouvertes d'un plancher !

Pourtant, M. le doyen faisait face à tout; le plus souvent, ses prévisions étaient exactes ; mais, quand il avait été surpris, de nouveaux plans étaient rapidement conçus, rapidement mis à exécution. Les travaux, commencés au mois de septembre 1881, étaient assez avancés, au bout de huit mois, pour permettre à Mgr Lequette de bénir, dans une inauguration solennelle, la chapelle et la maison, le 8 mai 1882. Ce jour-là, le prélat, déjà malade et mortellement atteint, recouvra quelque chose de sa vigueur. Prenant la parole à la fin du repas qu'il présidait, devant soixante-quinze ecclésiastiques réunis pour la circonstance, il se retrouva lui-même, avec sa bonté, son cœur et son esprit d'à-propos, tel enfin que nous l'avons tous connu. Après avoir dit que M. le Supérieur du collège Saint-Jean-Baptiste, en obtenant des succès auxquels personne ne devait s'attendre, l'avait mis dans l'heureuse nécessité de trouver un plus vaste local, il ajouta : « La caserne était là ; sans doute nous pouvions en faire l'acquisition ; mais un grand problème restait à résoudre : comment d'une caserne faire jaillir un collège ? Il y fallait une tête de mathématicien, et les habiles calculs de M. le doyen pouvaient seuls arriver à une heureuse solution. La solution, nous l'avons sous les yeux, et, tous, vous pouvez juger si elle fait honneur à l'ingénieux architecte. »

Si Mgr Lequette était heureux de rendre ainsi justice à d'infatigables labeurs couronnés de tant de succès, M. le doyen n'oubliait pas que c'était à la générosité du glorieux enfant de Bapaume qu'il devait d'avoir vu se réaliser le plus caresssé de ses rêves : il prit soin de perpétuer, dans le collège même, le souvenir de cet insigne bienfait, en faisant tailler dans le marbre les traits de l'illustre bienfaiteur; c'est aux frais de M. le doyen qu'a été sculpté et installé, dans le parloir du collège, le buste de Mgr Lequette, en beau marbre de Carrare.

L'aménagement de la caserne avait été poursuivi avec une très grande rapidité : huit mois avaient suffi pour mener à bien toutes les transformations désirables. Quand arriva le jour de l'inauguration, si impatiemment attendu, ce fut à Bapaume un véritable enthousiasme.

« La journée de lundi prochain, lisait-on dans le *Cantonal* du 7 mai 1882, sera marquée, pour notre ville, par un véritable événement ; nous écrivons ce mot à dessein. Mgr Lequette doit bénir et inaugurer solennellement, ce jour-là, le collège dont sa royale munificence a voulu doter Bapaume. Cette fête sera la légitime récompense et le couronnement d'infatigables travaux et d'héroïques efforts. Des œuvres comme celle-là ne se fondent point en un jour, et sans peine ni labeur. Le moment viendra de redire les nobles courages qui l'ont menée à bonne fin ; nous ne voulons aujourd'hui qu'annoncer la fête.

« Elle sera notre fête à nous aussi, car c'est nous qui profitons de ces immenses largesses et de ces incomparables dévouements ; ce sont nos enfants que vont abriter ces gigantesques constructions, restaurées et appropriées avec une intelligence, un art et un goût que ne peuvent assez louer tous ceux qui les ont visitées, ces derniers jours. »

« Le 8 mai, tout Bapaume était en fête, et les nombreux étrangers, accourus dès le matin, donnaient à la ville un aspect et un mouvement bien inaccoutumés.

« A 9 heures et demie, Monseigneur est au milieu de ses enfants, à l'ancien établissement, dont les murs sont, depuis longtemps déjà, devenus trop étroits ; c'est là que vient le prendre M. le doyen.

« Le cortège se met en mouvement, et la ville entière est sur pied ; sur les trottoirs des rues, aux portes, aux fenêtres, partout où se porte le regard, il rencontre des visages, et ce sont des visages sympathiques ; cette fête est populaire : on est heureux de voir ce collège, — qu'on a tant désiré, qui a si heureusement prospéré, — sortant comme de son berceau, s'avancer joyeux vers une demeure nouvelle, où il trouvera l'espace et l'air, qui lui sont plus nécessaires à mesure qu'il grandit davantage.

« La ville de Bapaume peut inscrire cette journée dans ses annales et la compter au nombre des grandes journées de son histoire : elle en reportera toute la gloire à celui dont le nom sera plus que jamais inséparable du sien, Mgr Lequette, évêque d'Arras et enfant de Bapaume. »

Pour achever son entreprise, il restait à M. le Doyen à donner le fini aux moindres détails, puis à relever tous les comptes, afin de les soumettre à l'évêché ; il sut encore se condamner, avec son entourage, à ce fastidieux travail. Alors, il put vraiment jouir de son œuvre. Il aimait à aller au collège S. Jean-Baptiste et sa présence était toujours une fête pour les maîtres et pour les élèves ; il était heureux de la prospérité de la maison ; il comptait avec bonheur ses succès et assistait avec joie à ses progrès continus. Chaque année, il assistait à la distribution des prix, s'il ne la présidait ; souvent même il y prenait la parole et toujours il était visible que c'était là son œuvre de prédilection.

Au mois d'août 1886, l'affluence fut plus grande encore que de coutume : le nombre des ecclésiastiques présents à la cérémonie était considérable ; Bapaume et les pays d'alentour avaient envoyé leurs familles les plus honorables. M. le Doyen saisit, dans ce concours extraordinaire,l'expression d'un vœu, celui de voir le collège étendre encore ses proportions. Artésiens et Picards, unis dans une commune pensée, acclamèrent la promesse qu'il fit, de transmettre à l'autorité diocésaine ces souhaits d'une particulière éloquence.

L'agrandissement du collège fut décidé. Mais, cette fois, les forces de M. le doyen, déjà notablement affaiblies par la maladie qui allait l'enlever, ne lui permirent plus de se livrer au même travail que précédemment ; il fallut avoir recours à un architecte ; toutefois, rien ne fut décidé sans prendre son avis, rien ne fut exécuté que d'après ses conseils. M. Wyart aussi, présentement curé de Ligny-Tilloy, fut remplacé dans la direction des travaux par M. Bonnel, professeur du collège.

Au mois d'août 1887, alors que la santé de M. le doyen gravement atteinte lui imposait le sacrifice de ne paraître pas à la distribution des prix, les visiteurs pouvaient admirer d'heureuses transformations. « Les parloirs, la chapelle, le réfectoire avaient reçu les agrandissements les plus réussis. Un nouveau dortoir avait été construit ; l'étude, déjà grande, était devenue une salle magnifique, où la lumière est aussi largement distribuée que l'air y circule librement. Les jeunes élèves avaient désormais, une cour spéciale pour leurs jeux enfantins, leur salle particulière pour les mauvais temps. Les aînés avaient vu s'ajouter à leur cour de récréation, l'une des plus spacieuses de la région, une salle de jeux qu'on peut dire exceptionnelle ; de vastes proportions, elle reçoit l'air librement sur toute sa longueur restée ouverte du côté de la cour, et la lumière lui est versée à flots par les vitres d'un immense lanterneau. » (1).

M. le doyen aimait à visiter ces derniers travaux, les jours où, appuyé sur son bâton, il pouvait faire quelques pas au dehors.

Quelques années auparavant, il écrivait à Mgr Meignan : « Je me suis donné tout entier à la construction de ce collège ; j'y ai volontiers consacré bien des veilles et j'ai assumé avec bonheur cette suite indéfinie de petits frais qui ne se comptent pas, » mais qui, ajoutons-le, pèsent bien lourdement.

Arrivé au terme de sa vie, il lui donnait le reste de ses forces, il lui conservait toute l'affection de son cœur, jusqu'au jour où il lui enverra sa dernière bénédiction.

§ VI. — L'Orphelinat des Servantes de Marie.

M. le doyen avait adopté pour règle de conduite, en arrivant à Bapaume, de conserver toutes les œuvres que lui avaient léguées ses prédécesseurs, de les perfectionner, s'il y avait lieu, en tout cas de travailler à leur prospérité. En établissant le collège Saint-Jean-Baptiste et en l'installant dans une partie de la caserne, propriété des Servantes de Marie, il ne pouvait donc être question de porter préjudice aux œuvres entreprises par ces religieuses ; au contraire, M. le doyen allait leur donner un nouvel élan, en leur ménageant un local plus convenable et une meilleure organisation.

Le premier travail qui s'imposait pour l'aménagement de la partie de la caserne que s'étaient réservée les Servantes de Marie, c'était l'établissement d'un mur de clôture. Du côté attenant au collège et à sa cour de récréation, c'était chose assurée, et il n'y avait pas à s'en préoccuper ; restaient les autres côtés, notamment celui qui fait face à l'église.

Déjà, à la fin de 1880, M. Dollé était entré en pourparlers avec M. Cornet, grand-doyen de Béthune, pour obtenir, en

(1) Extrait du *Cantonal*.

faveur de la Fabrique de l'église, la donation de la parcelle de terrain qui sépare l'église de la propriété des Servantes de Marie. Grâce à cette donation, en 1882, l'entrée de la cour et du jardin de l'établissement reçut une largeur suffisante et fut fermée par une porte cochère en rapport avec le reste des constructions ; la délimitation des deux propriétés fut rectifiée, de manière à permettre d'élever un mur qui ne choquât pas l'œil par ses angles rentrants et sortants. Ce mur, élégamment construit, bien proportionné, décrit une belle courbe ; sa distance de l'église est si heureusement calculée qu'il n'intercepte ni la circulation de l'air ni les rayons du soleil. Pour ceux qui ont connu l'ancien état de choses, il offre encore l'avantage de dérober à l'œil les ruines désolées du donjon, et de remplacer un talus toujours dégradé et une haie mal entretenue, derrière laquelle s'étalait un plan de choux ou de pommes de terre. Les religieuses sont désormais à l'abri des regards indiscrets ; elles cultivent en paix leur vaste potager ; aux heures de récréation, elles peuvent, comme leurs pensionnaires, respirer l'air pur d'un jardin d'agrément, et leurs jeunes orphelins prennent en sécurité leurs ébats dans une cour abritée. Pour séparer la cour du jardin, M. le doyen fit l'acquisition d'une belle grille en fer ouvragé, qui fermait autrefois le chœur de l'église Saint-Vaast d'Arras, et en fit cadeau à la communauté, en reconnaissance des soins qu'elle avait prodigués à sa sœur, pendant une longue et pénible maladie.

Après l'extérieur, l'intérieur, où tout était encore à faire ; car, jusqu'en 1881, les Servantes de Marie n'avaient guère été que campées dans cette immense caserne qui mesurait 88 mètres de long sur 17 mètres de large. Au rez-de-chaussée, les écuries, pavées en grès, avaient été louées en partie, comme magasins et entrepôts. Au premier et au second étage, des corridors obscurs conduisaient aux chambrées, et faisaient pénétrer dans ces vastes salles, tristes et nues, dallées comme les corridors de carreaux rouges, par des ouvertures basses et étroites, fermées de portes massives ; c'était moins encore une caserne qu'une prison, et ce caractère s'accusait dès l'entrée : l'escalier, placé près de la porte, était disposé de telle sorte qu'il interceptait presque complètement la lumière.

Après les travaux exécutés au collège, l'aménagement de la partie du bâtiment conservée par les Servantes de Marie n'était plus qu'un jeu pour M. le doyen, mais il y avait une autre source de difficultés : c'était la pauvreté de la Communauté et son manque de ressources. Aussi ne put-on procéder aux travaux de transformation que lentement et à diverses reprises. Les premiers eurent lieu durant les années 1881 et 1882, puis il fallut attendre jusqu'en 1884 pour continuer. Ces lenteurs pesaient à M. le doyen ; il lui tardait d'en finir et de remettre aux religieuses, à leurs pensionnaires et à leurs enfants, un local parfaitement approprié à sa destination. A la fin de 1884, il résolut de pousser les travaux jusqu'à leur complet achèvement, et cela à ses risques et périls. Il eut recours à la charité publique, sollicita des dons et fit faire des quêtes. M. Fortier, vicaire, qui avait déjà remplacé M. Wyart dans la direction des travaux, s'adjoignit à M. Lagache, curé d'Achiet-le-Petit, et tous deux se condamnèrent à l'entreprise si pénible d'aller tendre la main (1). Les recettes furent assez abondantes ; le premier don

(1) *A Monsieur l'abbé LAGACHE, curé d'Achiet-le-Petit.*

MONSIEUR ET TRÈS CHER CURÉ,

Je viens faire appel à votre charité en faveur de nos soixante-cinq petits orphelins.

Leurs mères, nos bonnes Servantes de Marie, aidées des très modiques pensions qu'elles reçoivent, trouvent dans leurs privations et leurs travaux personnels, de quoi suffire à la nourriture, à l'instruction, à l'entretien de ces enfants.

Mon vénéré prédécesseur, les Servantes de Marie, et les catholiques de Bapaume et des environs leur ont procuré, comme habitation, notre ancienne caserne de cavalerie.

L'aménagement de cette caserne m'incombe. J'y ai beaucoup travaillé déjà ; et toutes les ressources dont je pouvais disposer, ou que j'ai pu recueillir autour de moi, sont épuisées.

Continuer aujourd'hui les travaux, n'ayant plus de quoi les payer, serait une témérité coupable ;

Les abandonner et laisser cette caserne, même dans son état actuel, serait une vraie cruauté pour nos chers petits orphelins et pour les douze religieuses qui les soignent avec tant de tendresse maternelle.

Force m'est donc de paraître oublier les rigueurs des temps ac-

même, dû à la générosité de M. et Mme Deusy et s'élevant à 5,000 fr., toucha vivement M. le doyen qui demanda immédiatement aux Servantes de Marie et aux orphelins, de remercier Notre-Dame de Pitié et de prier pour leurs bienfaiteurs ; pourtant, quand on régla les comptes définitifs, on constata un déficit, et, comme toujours, M. le doyen se chargea de les équilibrer ; sa bourse fut encore allégée d'un millier de francs, « sans compter cette suite indéfinie de menus frais » dont il parle ailleurs.

Aujourd'hui, quand on entre chez les Servantes de Marie par la porte principale, on se trouve au pied de l'escalier en chêne ciré, qui conduit aux étages, en s'appuyant aux parois, et laisse apercevoir, à une hauteur de douze mètres, la rosace du plafond : c'est d'un aspect grandiose.

Au rez-de-chaussée, les murailles transversales soutenant les arcades qui portent les constructions supérieures, ont été percées d'ouvertures cintrées et forment une sorte d'avenue : au premier plan on aperçoit la statue de Notre-Dame de Pitié, tenant sur ses genoux son divin Fils, et, dans le fond, une grande croix garnie du suaire de la Passion : il n'y a pas à s'y méprendre, nous sommes dans une maison religieuse.

tuels et de tendre la main à la charité publique ; force m'est de solliciter d'elle les dix mille francs qu'exigent encore les travaux *nécessaires, urgents.*

Il est dur sans doute de quémander après tant de solliciteurs ! Mais c'est pour de pauvres orphelins, et c'est pour une fois, nos faibles ressources ordinaires suffisant à peu près aux besoins ordinaires de notre orphelinat.

Vous connaissez mes occupations si multipliées. Ne pouvant faire cette quête moi-même, je viens en toute confiance vous demander de me remplacer.

J'apprécie tous les ennuis et toutes les fatigues que je vous propose ; mais, j'en suis sûr, ils ne sauraient être plus grands que votre dévouement sacerdotal, que votre affection pour les petits enfants, les amis privilégiés de Notre Seigneur.

Daignez agréer, Monsieur et très cher Curé, l'hommage de mon entier dévouement en N. S.

DOLLÉ, Prêtre,
Ch[e], Curé-Doyen de Bapaume.

Bapaume (P.-d.-C.), 5 décembre 1884.

A droite d'un couloir pavé en mosaïque, se présentent les parloirs, le réfectoire des religieuses, que l'on peut doubler, à l'époque des retraites, par la suppression d'une cloison mobile qui le sépare d'une pièce voisine,et le réfectoire des enfants; on y remarque un petit ascenseur destiné à monter au premier étage les aliments des dames pensionnaires. A gauche, on trouve à la suite de deux vastes classes, l'office, la cuisine, la buanderie et une salle de bains. Au fond, sur toute la largeur du bâtiment, une vaste salle où les enfants prennent leurs récréations en cas de mauvais temps. Ajoutons, pour signaler l'esprit pratique de M. le doyen, qu'aucun espace n'est perdu et que les moindres recoins sont utilisés en placards, remises et autres cachettes de grande utilité.

Au premier étage, le long d'un corridor bien éclairé, sont disposées douze belles chambres, dont dix réservées aux dames pensionnaires. Elles se présentent deux à deux, précédées d'un petit vestibule à porte vitrée et offrant une disposition parfaitement régulière, grâce à une alcôve placée à côté de la porte.

Le second étage est réservé aux religieuses qui habitent la maison et à celles qui, de la région, viennent y faire leur retraite annuelle. La chapelle coupe le bâtiment vers le milieu, dans le sens de la largeur, et reçoit la lumière aux deux extrémités; quatre colonnettes élégantes remplacent les murailles massives et supportent le plafond. Le silence à cette hauteur, où n'arrivent guère les bruits de la rue, l'ornementation sobre mais élégante, les dimensions restreintes de cet oratoire, tout porte à la piété, tout en fait une vraie chapelle de communauté.

Comme au collège, le grenier a été transformé en beau et vaste dortoir pour les enfants ; comme au collège, tous les services, éclairage au gaz, distribution et enlèvement des eaux, ont été parfaitement assurés à chaque étage. Dans son ensemble, la maison conserve le cachet de la simplicité religieuse, mais tout est vaste, aéré, commode, et la caserne a disparu pour faire place à un orphelinat modèle.

Au prix de quels travaux, de quels soucis et de quelles fatigues, c'est ce qu'il faudrait dire maintenant et ce qu'il nous est impossible de retracer. M. le doyen profitait de l'expérience acquise au collège et il voulut, en nombre de cas, faire mieux encore ; il apporta plus de hardiesse à démolir pour modifier, et il courut de plus grands risques ; de là. de longues heures passées à faire de nouveaux plans, des craintes d'accident, l'incertitude du succès, et des soucis qui le poursuivaient jusque dans la nuit et lui enlevaient le sommeil ; de là aussi, l'obligation de suivre lui-même les travaux à certains moments critiques, pour parer à toute éventualité, et un surcroît de fatigues. On se souviendra longtemps, à Bapaume, de l'avoir vu couvert de poussière, au milieu de ses ouvriers ; parfois on l'y trouvait à dix heures du matin encore à jeun, et si on lui parlait d'aller prendre quelque nourriture, il répondait : « Ne parlons pas de cela ! Les affaires, les affaires ! Manger n'est rien ! » A force de calculs, de sages combinaisons et de vigilance, les travaux furent menés heureusement à leur fin, au mois d'août 1885, et l'on put bénir la maison dans la soirée du 1er septembre, avant de commencer la retraite annuelle, en présence du R. Père Etchégaray, supérieur de l'aumônerie de la Maison-Mère, de deux assistantes de la Supérieure générale, des sœurs en résidence dans le Nord et le Pas-de-Calais et d'un certain nombre de personnes de Bapaume.

Après la cérémonie, M. le doyen prit la parole pour rendre hautement grâce à Dieu et à Notre-Dame de Pitié, et pour remercier ceux des assistants qui, de près ou de loin, l'avaient aidé dans ce qu'il aurait appelé une téméraire entreprise, si elle n'avait eu que des appuis humains.

A son tour, le R. P. Etchégaray parla, et, sans rien enlever du mérite des bienfaiteurs de l'Œuvre, il remercia, en son nom et au nom de la Communauté, M. Dollé de « ses prodiges de dévouement sacerdotal et paternel à l'œuvre des Servantes de Marie ».

« Mon devoir, disait M. le doyen, ne se borne pas à la partie matérielle de l'orphelinat, il faut aussi et surtout que je veille à ses intérêts moraux ». Et pendant qu'il remuait la brique et le mortier, il travaillait à sauvegarder l'éducation de « ses chers petits orphelins », qu'il voulait aussi chrétienne que possible. Craignant qu'un jour ou l'autre l'autorité académique ne les forçât d'aller chercher à l'école communale, qui allait devenir laïque, l'instruction qu'ils avaient reçue jusque-là dans l'orphelinat, il doyen fit les démarches et accomplit les formalités requises pour la reconnaissance d'une école libre, dirigée par des religieuses et destinée à des garçons âgés de moins de douze ans. Il écrivit à M. l'Inspecteur primaire pour lui demander une entrevue dans laquelle serait traitée cette grave question : elle lui fut accordée avec bienveillance, l'entente fut parfaite, les choses marchèrent à souhait, et, le 16 mai 1884, le conseil départemental de l'Instruction publique approuvait l'école de l'orphelinat, à la complète satisfaction de tous.

Alors, M. le doyen s'occupa du règlement intérieur, du programme d'études et de tout ce qui pouvait assurer le succès de l'œuvre. L'ancien professeur du Petit-Séminaire d'Arras se laisse reconnaître dans le règlement tracé pour les orphelins et que termine cette observation : « On ne devra apporter de modifications au susdit règlement que le dimanche et les jours de congé, encore doivent-elles être aussi légères que possible ; l'enfant a besoin de règle et il ne fait bien que ce qu'il a l'habitude de faire. » Venaient ensuite des avis aux religieuses pour leur rendre moins difficile la direction de jeunes garçons (1).

(1) Conseils particuliers. — 1° La sœur qui a officiellement les enfants sous sa garde et sa surveillance, *a seule l'autorité*. Le droit de permission ou de punition *appartient à elle seule*. Aucun enfant ne peut la quitter, sans qu'elle ait été convenablement avertie par l'enfant lui-même.

2° Chaque sœur a devant Dieu et devant sa supérieure la responsabilité de l'office dont elle est chargée. Elle doit en tout s'entendre avec la supérieure au nom de laquelle elle agit.

Le droit de critique n'appartient à aucune consœur.

3° Aux yeux des enfants, les sœurs doivent toujours être dans le plus parfait accord, se soutenir les unes les autres, confirmer en toute circonstance les punitions données, et n'écouter jamais ni plaintes, ni racontars.

4° Tous les enfants doivent être également traités conformément à la règle et à l'esprit de justice, la partialité engendrant toujours le manque de respect et le mauvais esprit.

5° Les sœurs ne doivent jamais, sous aucun prétexte, se familiariser avec eux, mais les tenir à la distance qu'exigent le respect et la crainte.

6° L'autorité ne se donne pas, elle s'acquiert par la manière d'être et la manière de faire ; c'est donc à chaque sœur de prendre l'autorité dont elle a besoin pour remplir son office.

Le programme des études est celui de l'instruction primaire, et M. le doyen la voulait complète. Pour stimuler les enfants, il en faisait préparer le plus grand nombre possible au certificat d'études, venait lui-même leur faire subir des examens, distribuait des récompenses à ceux qui s'en étaient rendus dignes, et, par contre, infligeait des punitions à ceux qui ne correspondaient pas à ses désirs. « Nos enfants, disait-il, n'ont plus de famille ; nous leur tenons lieu de parents et nous devons leur donner l'instruction ; ils sont pauvres, et si nous les mettons en mesure de gagner honorablement leur vie, c'est une fortune que nous aurons en quelque sorte déposée dans leurs mains. »

Les orphelins répondaient à tant de sollicitude par une véritable affection et une sincère reconnaissance. Il fallait les entendre parler de leur bienfaiteur ; il fallait les voir prier pour lui ! L'enfant ne sent guère le besoin de la prière, mais, quand il s'agissait de M. le doyen, les orphelins n'étaient jamais fatigués, et, après sa personne, c'étaient ses intentions qu'ils recommandaient à Dieu.

§ VII. — Œuvres diverses.

L'éducation de l'enfance et de la jeunesse était l'une des principales préoccupations de M. le doyen et peut-être la première de toutes. Aux jeunes gens, il pouvait désormais offrir le collège Saint-Jean-Baptiste ; pour les jeunes filles, il avait trouvé, dès son arrivée, le pensionnat dirigé par les religieuses Augustines du Précieux Sang, qu'à Bapaume on appelle « les Dames. » De la sorte, la classe supérieure, à laquelle les écoles primaires ne sauraient suffire, trouvait, sans quitter ni la paroisse ni la famille, autant de facilité que de garantie pour l'éducation.

Le pensionnat des Augustines a pris, dans le cours de ces dernières années, un développement considérable : la propriété s'est agrandie, d'importantes constructions ont été élevées, d'heureux aménagements réalisés. Est-il besoin de dire que M. le doyen a été l'âme de tout, et qu'une fois de plus il a déployé tout son zèle et tout son talent d'organisateur ?

Quand la création de l'asile Saint-Augustin eût été décidée, il prit la direction des travaux, et bientôt l'emplacement destiné aux tout petits enfants, fut complètement transformé : rien n'avait été négligé de ces mille petites choses, si importantes pour les soins à donner à la première enfance.

Quand on voulut élever une construction à double usage, de salle de récréation et de distribution de prix, on trouva M. le doyen tout prêt : grâce aux conseils qu'il donna et aux agencements qu'il indiqua, la construction fut vaste et aérée, comme l'exigent et le bien-être des enfants qui doivent y prendre leurs ébats, et la foule qui se presse aux séances solennelles de fin d'année.

Et que d'autres services encore rendus à cette maison ! M. le doyen ne lui refusa jamais son concours ; en maintes circonstances, il lui prodigua les conseils, les encouragements, les marques du dévouement le plus paternel. N'est-ce pas encore à lui qu'on doit l'idée de cette belle salle d'étude et de cette gracieuse chapelle, inaugurées après sa mort, pour l'achèvement d'une maison qui désormais ne laisse rien à désirer ?

Bapaume possède une colonie de Frères Franciscains qui sont agriculteurs et qui forment aux travaux des champs les orphelins qu'on leur confie vers l'âge de douze à treize ans. A son arrivée, M. le doyen s'occupa des intérêts spirituels de ces jeunes gens ; la plus importante des mesures qu'il prit à leur égard consista à leur donner un aumônier, dans la personne de l'un de ses vicaires ; elle eut les plus heureux résultats : les Frères Franciscains constatèrent, avec reconnaissance, une amélioration sensible dans la conduite et la piété de leurs enfants.

Eux aussi recoururent à M. le doyen, au sujet de difficultés temporelles : l'affaire en litige était à l'étude depuis quelque temps et allait recevoir sa solution, quand la maladie et la mort vinrent élever leur obstacle insurmontable.

Les filles de Saint Vincent de Paul dirigent à Bapaume l'hospice civil qui « renferme, disait M. Bédu en 1865, un orphelinat de jeunes filles, un ouvroir, deux vastes bâtiments pour les malades, une magnifique salle d'asile, un établissement de bains, une pharmacie. La chapelle, construite dans le style ogival, il y a quelques années, est d'une telle élégance, que l'on reconnaît sans peine la main de l'habile architecte dont s'honore la ville d'Arras. »

Là, M. le doyen n'eut pas à s'occuper du matériel ; toute son action fut spirituelle, mais elle s'étendit aux Filles de la Charité aussi bien qu'aux œuvres placées sous leur direction.

La petite famille religieuse de l'hospice trouva véritablement en lui un modèle et un père. Il donnait l'exemple du respect pour les supérieurs, de la soumission à leurs décisions ; dans certaines circonstances délicates, les religieuses recueillirent de sa bouche ces paroles : « Mes sœurs, vos supérieurs ont parlé ; à nous de nous incliner et de dire de grand cœur : *Fiat !* » Il donnait aussi l'exemple de la dévotion à Saint Vincent de Paul et de la vénération pour ses œuvres. Vive était sa douleur, lorsqu'il apprenait la laïcisation de l'un des établissements de charité confiés à ses Filles, et, quand il apporta la nouvelle de l'attentat commis à l'égard de la maison des Enfants-Trouvés, les religieuses remarquèrent qu'il ne pouvait contenir son émotion.

Lorsque la Congrégation célébra, dans chacun de ses établissements, des fêtes solennelles pour honorer le titre nouveau de Fondateur et de Protecteur de toutes les œuvres de charité, décerné par Léon XIII à Saint Vincent de Paul, M. le doyen voulut que la chapelle fût ornée avec une véritable magnificence, d'autant que Bapaume célébrait, en même temps, le centenaire de l'installation des Sœurs dans l'hospice. De plus, par une de ces attentions délicates qui lui étaient familières, le soir de la fête, à la fin de l'office, il invita Messieurs les administrateurs présents et la nombreuse assistance, à se réunir le lendemain, pour le service funèbre qu'il voulait chanter solennellement, en souvenir des Filles de la Charité décédées à Bapaume, depuis cent ans, au service des pauvres. A cet hommage, il ajouta celui d'une magnifique couronne qu'il voulut déposer, comme un pieux et affectueux souvenir, au pied de la croix qui ombrage leurs tombes.

M. le doyen ne négligeait aucun des intérêts de la communauté. Il n'avait pu remarquer, sans en être affligé, que le froid excessif de la chapelle, en hiver, contribuait à altérer la santé des religieuses, particulièrement des plus faibles. De sa propre initiative et sans en rien dire à personne, il demanda à Monseigneur et obtint de Sa Grandeur l'autorisation de disposer un petit oratoire, où serait conservé le Saint-Sacrement, et où les sœurs pourraient faire leurs exercices de piété, avec moins d'inconvénient pour leur santé.

Il n'avait pas moins à cœur leurs intérêts spirituels. Après les avoir aidées de sa direction sage et éclairée, durant leur vie, il les assistait d'une façon spéciale, au moment décisif de la mort, et ne les quittait que lorsqu'elles avaient rendu le dernier soupir. Les Filles de la Charité aiment à raconter que, lors de son voyage à Rome en 1886, M. le doyen avait recommandé de ne pas mourir pendant son absence. Averti qu'une des sœurs, gravement atteinte, ne laissait presque aucun espoir de guérison, il laissa ce qu'il avait encore à voir de la ville des papes, prit congé de Nosseigneurs les évêques de Luçon et du Mans qu'il avait l'honneur d'accompagner, et, en quelques heures, surprit et réjouit par son arrivée la malade et sa Communauté. C'est ainsi qu'il entendait les intérêts des âmes.

Les Œuvres ne manquent pas plus à Bapaume que les Communautés, et plusieurs ont leur centre à l'hospice.

Au premier rang, se place l'œuvre des Dames de Charité, établie par M. Tenar pour la visite des pauvres ; M. le doyen en prit la direction et en présida la première réunion, le 15 octobre 1878. Il assura aux Dames présentes que leur œuvre, aussi intéressante qu'utile, obtiendrait toujours sa bienveillance et son appui ; mais il marqua immédiatement sa prédilection paternelle pour l'enfance, en recommandant aux membres actifs de viser à obtenir l'exactitude et la régularité des enfants qui fréquentent les écoles et suivent les catéchismes. Quelques années plus tard, il décida plusieurs des dames à se faire les catéchistes volontaires et zélées des enfants les plus déshérités sous le rapport intellectuel. Les ressources de l'œuvre étaient assez restreintes ; mais l'inépuisable et ingénieuse charité du directeur savait toujours découvrir quelque moyen pour soulager chaque souffrance et, de préférence à toute autre, la misère cachée.

Le patronage de Sainte Anne, qui réunit les jeunes filles à partir de leur première communion jusqu'à l'âge de vingt-trois ans, avait été fondé par M. Cornet. M. Dollé s'en occupa activement, comme d'une œuvre très importante pour l'avenir de sa paroisse. Lors des réunions trimestrielles, il indiquait aux demoiselles patronnesses les pratiques de zèle qui pouvaient assurer la persévérance des enfants et les progrès de l'œuvre; près des jeunes filles patronnées, il déployait, avec un charme tout particulier, la fermeté et la bonté; là aussi, il savait se faire aimer, et sa présence aux réunions était, pour ces nombreuses enfants, la plus agréable récompense et le plus puissant encouragement. Pour lui, son bonheur était de leur donner la communion, le deuxième dimanche du mois, ou de voir les sœurs et les patronnesses amener à l'œuvre de nouvelles recrues.

M. le doyen était encore le directeur de l'Association des Enfants de Marie. Comme ses prédécesseurs dont il aimait à suivre les traces, car M. Dollé était, par excellence, l'homme de la tradition, il présidait d'abord les réunions, le premier et le troisième dimanche de chaque mois. Plus tard, suivant l'avis du directeur d'une association voisine, qui se trouvait très bien de présider la réunion de chaque dimanche et d'y faire une instruction familière sur les devoirs d'une Enfant de Marie, il adopta la même mesure, au grand profit de l'œuvre, et n'y renonça que lorsqu'il y fut contraint par la maladie. Dans ces allocutions, il se laissait aller à toutes les effusions de son cœur de père et d'apôtre, et c'était pour lui un véritable repos — il aimait à le redire — que de se trouver au milieu de ses bien-aimées enfants. Elles répondaient parfaitement, du reste, à ses soins multipliés, par leur empressement à tenir compte de ses conseils et par leur fidélité à les mettre en pratique.

A l'hospice, M. le doyen trouvait encore de pauvres petites orphelines à instruire et à diriger. Mais c'était trop peu pour lui que de leur accorder tous ses soins pendant les années de leur éducation et de leur apprentissage ; il ne les abandonnait pas à leur sortie de l'orphelinat et leur continuait sa paternelle protection dans les diverses positions qu'elles pouvaient occuper : ce n'était jamais en vain qu'elles recouraient à ses conseils dans les moments de peine, de découragement ou de danger.

Il y a, à Bapaume, deux Confréries du Très-Saint-Sacrement, l'une pour les hommes, l'autre pour les femmes.

Sans se laisser décourager par les infructueux appels de ses prédécesseurs, M. Dollé convoqua, le 26 septembre 1880, les quatorze membres inscrits sur les registres de la Confrérie des hommes : « Nous traversons, leur disait-il, de tristes jours, où l'immoralité et l'impiété lèvent insolemment la tête ; mais nous sommes aussi à une époque de virilité chrétienne, et les vrais catholiques ont partout senti le besoin d'afficher hautement leur foi. » S'inspirant de cette pensée, il borna les obligations des Confrères à « afficher leur foi » en faisant escorte au Très-Saint-Sacrement dans les processions ; et, à la Fête-Dieu de l'année suivante, dix-neuf hommes entouraient le dais et accompagnaient le Dieu de l'Eucharistie dans sa marche triomphale à travers la ville.

Les dames furent aussi réunies et leur Confrérie réorganisée : elles sont aujourd'hui au nombre de cinquante.

En 1855, un certain nombre de dames de la paroisse étaient entrées dans le Tiers Ordre Franciscain; mais, considérées comme trop peu nombreuses pour former une Fraternité, elles demeuraient isolées. Elles se connaissaient moins entre elles que les membres d'une Confrérie ordinaire, et seulement pour se retrouver à l'église aux fêtes solennelles de l'Ordre Franciscain.

Au mois de septembre 1880, après les exercices du pèlerinage de Notre-Dame de Pitié, M. le doyen, qui appartenait lui-même au Tiers Ordre depuis qu'il était prêtre, les réunit au presbytère, au nombre de dix-huit, et les constitua en Congrégation. Dès lors, les réunions mensuelles eurent lieu, le premier dimanche, sous la direction de M. Lagache, vicaire ; en 1882, M. le doyen se chargea de les présider lui-même, et il le fit jusqu'à complet épuisement de ses forces; à sa mort, il laissait les Tertiaires au nombre de vingt-trois.

Il y a aussi quelques hommes qui appartiennent au Tiers Ordre Franciscain, mais ils ne sont pas assez nombreux pour former une Fraternité.

Les catéchismes furent toujours l'objet d'une sollicitude spéciale de la part de M. le doyen. Il s'en occupa davantage encore, quand des écoles laïques eurent été établies dans la paroisse et qu'il se trouva par-là même des enfants exposés à ne recevoir aucun enseignement religieux ni au sein ni au dehors de la famille.

Ce fut la circulaire épiscopale du 27 novembre 1882, qui devint la base des mesures adoptées et des règlements imposés. Avant la première communion, il y eut, pour les garçons comme pour les filles, un petit catéchisme, deux catéchismes préparatoires, le catéchisme même de première communion. Le règlement prévoit tout : présence, absence, confession, assistance à la messe et aux offices, examens et récompenses. Nous y relevons cette note : « MM. les vicaires sont instamment priés d'apporter à leurs leçons la plus grande simplicité, se contentant de faire *apprendre* et surtout de faire *comprendre* la lettre du catéchisme. Ils donneront aux moins intelligents des soins particuliers. »

Les catéchismes de persévérance étaient obligatoires pendant deux ans et se partageaient en deux sections déterminées par la science acquise des enfants. Ceux-ci s'engageaient par une promesse formelle, lors de leur première communion, à être fidèles aux réunions, qui avaient lieu chaque quinzaine, un dimanche pour les garçons, l'autre pour les filles.

M. le doyen attachait une très grande importance, et à la préparation à la première communion — il exigeait l'assistance quotidienne à la messe, à partir de la première semaine de Carême —et à la solennité de ce jour qu'il voulait le plus beau de la vie : rien n'était épargné pour en relever la splendeur. Les examens, particulièrement ceux qui décidaient de l'admission à la première communion, étaient aussi l'objet spécial de ses soins. Ils lui valurent des attaques, mais il fallait toute la mauvaise foi d'une *Gazette* pour contester l'impartialité de règlements et de mesures qu'on ne saurait souhaiter plus favorables aux enfants et plus rassurants pour les familles.

Tout enfant avait le droit de choisir entre l'examen écrit et l'examen oral, dont les questions étaient tirées au sort.

Le résultat du premier examen lui était-il défavorable ? Il pouvait demander à en subir un second, qui devenait définitif, cette année-là.

S'il avait choisi l'examen écrit, ses parents, son instituteur ou son institutrice pouvaient, après correction, voir sa copie.

S'il préférait l'examen oral, toute personne intéressée pouvait y assister et, le cas échéant, demander à interroger elle-même l'enfant.

Où trouver, sous le régime qui réclame nos suffrages et notre admiration, une commission d'examen et des règlements présentant autant de garanties ?

Il existait à Bapaume un patronage pour les jeunes gens ; M. le doyen lui donna une organisation plus forte pour lui faire produire une plus grande somme de bien.

Il fit d'abord appel à toutes les bonnes volontés. MM. les membres du Conseil de Fabrique et du Comité catholique, MM. les vicaires et les Chers Frères furent convoqués, avec plusieurs notabilités, à une réunion qui se tint au presbytère et où furent arrêtées les bases de la nouvelle organisation.

Ces Messieurs formèrent le comité protecteur du patronage avec M. Ed. Grardel pour président et M. Louis Durand pour trésorier : ils devaient lui apporter leur appui moral par les fréquentes visites qu'ils promettaient de faire aux jeunes gens ; leurs cotisations annuelles, jointes à celles des membres honoraires, soutiendraient l'œuvre sous le rapport matériel. Le nombre des membres honoraires ne tarda pas à dépasser la centaine ; trois séances récréatives leur étaient offertes chaque année, et ils se faisaient un devoir, en même temps qu'un plaisir, d'y assister, pour encourager les jeunes gens par leur présence.

M. Lagache, vicaire, devint le directeur du patronage, et chacune des salles fut confiée à la surveillance d'un Frère de la

Doctrine chrétienne ; un règlement facile à suivre fut tracé et aussitôt mis en vigueur : l'œuvre était organisée.

Le patronage compta bientôt plus de cent membres, divisés en deux catégories : l'une composée des enfants de 11 à 15 ans ; l'autre de jeunes gens et de quelques hommes d'âge mûr.

M. le doyen paraissait dans les salles aussi souvent que ses autres occupations le lui permettaient ; son arrivée était toujours accueillie avec bonheur ; il savait si bien, avec cette fine bonhomie et ce tact exquis qui le distinguaient, dire à chacun un mot aimable, s'intéresser aux jeux, et encourager tout son monde. Tous se sentaient à l'aise avec lui ; c'était un père au milieu de ses enfants. Lui, il était heureux de voir le patronage florissant et de constater que ses membres étaient attachés à leur directeur (1) et aux chers Frères, et unis entre eux par une véritable affection fraternelle (2). Il voulut pourtant faire davantage.

Au commencement de 1885, le local du patronage fut divisé en trois salles, afin de séparer les sociétaires d'âge trop différent, et de donner un lieu de réunion spécial aux hommes d'âge mûr ; des modifications reconnues nécessaires furent apportées au règlement et de grandes améliorations matérielles réalisées. Les salles, peintes avec élégance, prirent un aspect plus gai et plus riant ; la cour de récréation fut nivelée, de nouveaux jeux ajoutés aux anciens. Bref, ce fut une dépense d'un millier de francs, et elle fut payée par M. Dollé.

Le patronage était en pleine prospérité, quand la brusque suppression de l'école *communale* des Frères, à la fin de décembre 1887, obligea d'emprunter son local pour y installer l'école *libre*.

M. le doyen adressa une lettre aux sociétaires, pour leur exposer la nécessité qui le contraignait de suspendre les réunions du patronage, et leur dire l'espoir qu'il conservait de voir cesser promptement cet état de choses.

(1) Le presbytère d'Achiet-le-Petit garde les preuves de l'affection que les membres du patronage avaient vouée à M. Lagache.

(2) Si l'un des moins fortunés venait à partir pour le service militaire, on pourvoyait, à l'aide de cotisations, à ses frais de voyage.

Hélas ! quelques mois plus tard, le patronage perdait son bienfaiteur.

M. le doyen étendait sa sollicitude, et, au besoin, donnait ses conseils à toute Société qui les réclamait, à la compagnie des pompiers comme à la société musicale *la Fraternelle*. Dans leurs réunions, il avait toujours, comme il le disait, le droit de parole, et parfois il en usait. Un jour, il saluait en ces termes une organisation récente : « Notre société *la Fraternelle*, — je dis « notre » parce que j'ai le grand honneur d'en faire partie comme membre honoraire, — est née d'hier, et nous pouvons bien la comparer à un enfant encore au berceau. Vous connaissez, Messieurs, la belle cantate de l'enfant au berceau ; eh bien ! si je savais chanter, si mes cordes vocales n'étaient pas si rebelles, je vous chanterais cette cantate au nom de tout ce peuple accouru pour applaudir à vos premiers succès, et nos cœurs appliqueraient à la *Fraternelle* tous les beaux souhaits, tous les charmants désirs, toutes les grandes espérances qu'exprime cette cantate. » Et, afin de contribuer pour sa part au développement de la société naissante, M. le doyen recommandait l'harmonie, le respect de l'autorité et l'amour du travail.

Une autre fois, il bénissait deux médailles obtenues dans les concours, et attachées à la bannière de la Société ; puis, s'élevant de l'harmonie musicale ainsi récompensée, à l'harmonie supérieure du monde intellectuel et moral, il recommandait la recherche du vrai, la pratique du bien et l'amour du beau.

En toute occasion, il rappelait que l'Église a des bénédictions pour tous, et que toujours elle a été la gardienne et la protectrice des beaux-arts.

§ VIII. — Monument érigé à la mémoire de Mgr Lequette.

Mgr Lequette parut à Bapaume, pour la dernière fois, au mois de mai 1882, lors de l'inauguration solennelle du collège, dans le local transformé de la caserne. Un mois plus tard, un journal bien informé annonçait que « Mgr l'Évêque d'Arras, très fatigué de sa dernière tournée pastorale, souffrait d'une dyspepsie avec gastrite subaiguë », et cette nouvelle causait la plus douloureuse impression aux habitants de Bapaume, qui recevaient avec tant de joie leur illustre compatriote quelques jours auparavant. Puis, vint l'annonce de la mort, qui jeta la population entière dans un deuil facile à concevoir ; et, à la suite des splendides funérailles célébrées à Arras, un service funèbre, dans lequel l'Eglise déploya toutes ses pompes, fut chanté dans sa ville natale à l'intention « de l'Évêque bien-aimé ».

Mais ce n'était pas assez. Au lendemain de la mort du regretté prélat, la pensée vint naturellement aux habitants de Bapaume de perpétuer dans leur ville le souvenir de celui qui, sorti de son sein, en avait été toute sa vie la gloire, et venait de s'en faire tout récemment le bienfaiteur insigne, par la fondation du collège catholique qui, lui empruntant son nom, s'appelle Saint-Jean-Baptiste. Un comité fut organisé sous la présidence de M. le doyen ; des listes de souscriptions circulèrent et furent couvertes avec un empressement touchant. M. Louis Noël, le glorieux enfant de Saint-Omer, fut chargé de l'exécution de la statue, et M. Bouchez-Béru, si estimé à Arras, eut le soin de l'appropriation de la chapelle destinée à recevoir le monument.

Le mardi 29 juillet 1884, un service fut solennellement chanté pour le repos de l'âme de Mgr Lequette. M. Roussel, que des liens si étroits rattachent au prélat, officiait; MM. Graux et Labouré, attachés à l'ancienne administration, assistaient au service avec de nombreux membres du clergé, et des représentants de l'administration municipale et de diverses commissions. Les élèves du collège Saint-Jean-Baptiste exécutaient les chants de la messe, et jouaient des marches funèbres. De nombreux habitants de Bapaume et des environs remplissaient les nefs.

Le service terminé, M. le doyen monta en chaire, et après avoir remercié tous ceux qui, de quelque manière, avaient concouru à honorer l'enfant de Bapaume, il commenta, avec une éloquence pleine de cœur et de pittoresques images, l'inscription destinée à dire aux âges futurs les titres de Mgr Lequette au souvenir de ses concitoyens.

Puis, aux sons d'une marche funèbre, le clergé se rendit à la chapelle des bas côtés de l'église qui renferme le monument, pour y déposer des couronnes et la crosse pastorale, que Bapaume avait offerte, comme hommage à son concitoyen, le jour de son sacre, et qu'elle reçut en souvenir de lui après sa mort. Des rideaux s'écartèrent, et, pendant l'exécution d'une cantate, on put contempler l'œuvre de la reconnaissance servie par le talent des artistes.

Mgr Lequette est à genoux, les mains jointes, en prière, drapé dans les plis d'une *mantelletta;* la statue est supportée par un socle ouvert qui renferme, derrière une glace, la crosse pastorale, offrande et legs d'une mutuelle affection, et un livre contenant le nom de tous les souscripteurs ; les armes du défunt sont gravées dans le fond de la chapelle, derrière le monument, en bas de la fenêtre qui l'éclaire ; celles de Bapaume, d'Arras, de Boulogne et de Saint-Omer, sont symétriquement disposées et gravées sur le pavé en marbre ; sur ce même pavé, en avant du monument, une pierre blanche contient, tracée en lettres d'or, l'inscription suivante, due au talent épigraphique d'un éminent professeur de l'Université catholique de Lille (1) :

IOANNI. BAPTISTÆ. JOSEPHO. LEQUETTE.
CIVI. BAPALMENSI. NATO. ANNO. MDCCCXI.
EPISCOPO. ATREBAT. BONON. AUDOMAR.
AB. ANNO. MDCCCLXVI. AD. ANNUM. MDCCCLXXXII.
GENS. BAPALMARUM. AC. VICINIÆ.
POSUIT. ANNO. MDCCCLXXXIV.

—

O. QUI. LABORES. OPES. VITAM. IPSAM.
DEI ET. HOMINUM. USUI. IMPENDERE.
A. GENEROSA. MATRE. DIDICISTI.
SORORESQUE. IV. EDOCUISTI. FELICITER.
CURAM. TUÆ. CIVITATIS. HABE. ÆTERNAM.
CATHOLICUM. ATHENŒUM. TUERI. PERGE.
QUOD. MIRA. LIBERALITATE.
FILIIS. NOSTRIS. CREASTI.
NOSQUE. PASTORALIS. ISTE. BACULUS.
TUUS. SIMUL. ATQUE. NOSTER.
IN. BEATO. CHRISTI. OVILI.
AD. TE. OMNES.
CONGREGET.

(1) M. Didiot, recteur du collège théologique.

Une grille ferme la chapelle et maintient les spectateurs à distance. L'ensemble du monument présente un bel aspect, mais, parce qu'il est placé en face de la fenêtre et à contre-jour, il faudra attendre peut-être que le temps ait quelque peu bruni la pierre blanche de Poitiers, pour retrouver les traits fidèles du prélat auquel Bapaume a élevé ce témoignage de son amour et de sa reconnaissance.

Cette cérémonie ne mettait pas encore un terme au deuil de la ville; il ne prit vraiment fin que lorsqu'elle eut retrouvé dans Mgr Dennel le *continuateur* de l'évêque bien-aimé, son orgueil et sa gloire. Ce jour-là, 9 juillet 1885, sa joie éclata de toutes parts.

Elle fut exprimée dans des discours: à la porte du presbytère par M. le Maire; à la porte de l'église, par le président du Conseil de fabrique; aux approches du sanctuaire, par M. le doyen.

Elle animait ces groupes brillants et nombreux qui, par une heureuse disposition, défilèrent tous devant Monseigneur, assis sur son trône à la grille du presbytère, avant que de lui faire cortège pour son entrée à l'église : orphelins et orphelines des Servantes de Marie, des Frères Franciscains et des Filles de la Charité; enfants des asiles, des écoles communales, des pensionnats et du collège; membres de l'association des Enfants de Marie, du tiers ordre de Saint François et de la confrérie du Très Saint-Sacrement, tous saluèrent Sa Grandeur en défilant devant elle et lui envoyèrent, par une députation, un bouquet de fleurs et quelques mots de bienvenue.

La joie se manifestait encore par l'empressement des mères à présenter leurs enfants à la bénédiction de Monseigneur ; par l'avidité des paroissiens à recueillir les paroles tombant des lèvres du nouvel évêque d'Arras ; par la bonne tenue et le recueillement des trois cents enfants qui reçurent le sacrement de Confirmation.

Le collège aussi était heureux de retrouver un protecteur : il exprima sa joie par les accords de sa fanfare, l'harmonie de ses chants et la poésie de ses compliments, et il offrit à Mgr Dennel un banquet où se trouvèrent réunis au clergé du doyenné les notabilités de la ville et quelques prêtres venus du diocèse d'Amiens. Le collège, monument digne de la munificence des évêques d'autrefois, faisait penser à un autre monument élevé, celui-là, dans les cœurs, comme l'a dit M. le Maire, et laissé en héritage à Mgr Dennel : l'affection profonde des Bapalmois pour leurs évêques.

§ IX. — Le ministère de la prédication.

M. Dollé avait reçu du ciel des aptitudes particulières pour la prédication; ce ministère lui souriait, et, à plusieurs reprises, il avait songé à s'y adonner exclusivement; la première fois, ses regards se tournèrent vers une Congrégation vouée à cette œuvre et il fit, à cette intention, une retraite chez les Rédemptoristes; une autre fois, il pensa à faire partie d'une société de missionnaires diocésains et commença même la préparation de retraites spécialement destinées aux jeunes gens; mais aucun de ces projets n'aboutit. La Providence le voulait à la tête d'une paroisse, et, si tout permet de croire qu'il eût fait un bon missionnaire, les faits ont prouvé qu'il fut un excellent curé. Il profita, du reste, de ses aptitudes pour rendre fréquemment service à ses confrères, durant son séjour à Monchy; et si, une fois à Bapaume, ses occupations nombreuses et absorbantes ne lui permirent plus que fort rarement des prédications extraordinaires, il réserva pour ses paroissiens cette parole chaude et colorée qu'ils aimaient à entendre.

M. le doyen voulait que son peuple fut instruit et visait, avant tout, à un enseignement méthodique et suivi de toute la doctrine chrétienne; c'était le thème des instructions qu'avec MM. les vicaires il faisait régulièrement, dimanches et fêtes. En outre, il adressait la parole aux diverses œuvres dont il avait la direction et s'efforçait d'y faire régner « une vraie piété pratique, une piété placée au-dessus de la sentimentalité et de toutes ces variations d'un cœur changeant et d'un esprit superficiel ». Enfin, il y avait des jours et des circonstances où il se réservait de parler lui-même, et, parfois, il s'imposait encore une prédication extraordinaire, comme celle d'un Carême.

Il est d'usage, à Bapaume, que le sermon de la Passion soit

donné par un prédicateur, le vendredi saint, à six heures du matin, avant l'adoration de la Croix. De cette façon, le jeudi saint, qui amène beaucoup de monde à l'église, est réservé complètement au culte de la sainte Eucharistie. M. le doyen profitait toujours de cette affluence pour prendre la parole, le faire à cœur ouvert, et traiter le sujet que les circonstances lui faisaient croire le plus opportun.

Les premiers mots témoignaient toujours la joie : « Permettez, mes frères, que je laisse avant tout échapper de mon cœur sacerdotal une parole de satisfaction et de bonheur. Oui, au nom de Jésus-Christ, mon maître, merci à vous, Messieurs, d'avoir bien voulu venir si nombreux, apporter vos respects et vos adorations au Dieu de votre première communion, à ce Dieu qui est aujourd'hui, dans notre pauvre France, l'objet de tant de sarcasmes et de mépris! Votre foi a été plus robuste et plus puissante que les insanités et les mensonges qui l'attaquent de toutes parts. Gloire à elle !

« Oui, en vous voyant tous pressés au pied de ce sépulcre glorieux, tout ce qui m'a été dit de la foi de vos pères et tout ce que j'ai lu dans les annales de votre cité, me revient à la mémoire, s'empare de mon âme, et me cause une douce impression à laquelle il serait difficile, ce me semble, de me soustraire. »

Après ces épanchements du cœur, il abordait son sujet. Une année, il commenta ce texte de saint Paul : « *State in fide, confortamini et viriliter agite* » (1 Cor., XVI, 13), et développa ces pensées: Restez fermes dans la foi de vos pères et de votre première communion; que les chocs divers, que doit subir cette foi, la rendent plus solide et plus énergique ; qu'elle puise dans son énergie le viril courage de pratiquer toute la religion du Christ.

Il rappelait à ses auditeurs leur première communion, parce que le Jeudi-Saint lui semblait l'anniversaire de la première communion de l'humanité, de la première communion de chacun de nous.

« Il y a dix-neuf siècles de cela, disait-il, Jésus-Christ, la seconde personne de la très sainte Trinité, avait incliné les hauteurs des cieux pour descendre sur la terre, et avait revêtu notre humanité dans le sein de la vierge Marie. Sa main était rugueuse, virile et forte comme la vôtre, parce que, comme la vôtre, elle avait tenu l'outil de l'ouvrier dans l'atelier de Nazareth. Il avait passé trois années à semer sa doctrine, ses miracles et ses bienfaits à travers la Judée. Il avait trente-trois ans et il allait mourir.

« Il allait mourir, volontairement et librement, au jour que lui-même avait marqué. Il était le véritable agneau pascal qu'annonçait, depuis vingt siècles, l'immolation du petit de la brebis, et il avait résolu de donner sa vie, au moment même où l'on immolait la victime du sacrifice figuratif.

« Il allait mourir, et il se trouvait assis à une table, avec ses apôtres, pour établir son testament.

« Jésus-Christ est Dieu, l'humanité est sa fille, tous les hommes sont ses enfants, et ces enfants, il les aime et les aimera toujours d'un égal amour. Tous seront inscrits dans son testament, et à chacun seront attribués les mêmes droits. Et, comme il est divinement magnifique dans ses dons, ces droits seront et grands et sublimes et divins.

« Toutefois, mes frères, élevez vos cœurs : *Sursum Corda !* Le Christ-Dieu, votre maître et le mien, ne va point, à la manière vulgaire, distribuer quelques lopins de terre ou quelques sacs d'écus. Dans tout le cours de sa vie mortelle, il s'est élevé au-dessus des richesses de la terre. Il a pris la pauvreté pour épouse, et laissait à d'autres la pierre même du chemin. où reposer leur tête fatiguée.

« Le Christ-Dieu, votre maître et le mien, aime tous ses enfants d'un égal amour, mais le point d'application de cet amour ne saurait se trouver dans ce corps matériel, qui, dans deux ans peut-être, sera un amas infect de pourriture ; il faut le chercher ailleurs, le chercher dans ces âmes, qui n'ont rien à redouter de la destruction du tombeau, parce qu'elles sont revêtues d'immortalité. Oui, ce sont nos âmes qu'aime Jésus-Christ, et ce sont nos âmes qu'il va instituer ses légataires universelles.

« Il était donc à table ; le repas se terminait ; il dit à ses apôtres : c'est pour la dernière fois que je bois avec vous de ce fruit de la vigne ; mon heure est venue. J'ai promis de ne pas vous laisser orphelins et de rester avec vous jusqu'à la consommation des siècles. Depuis trois ans, je vous enseigne ma doctrine ; aujourd'hui, vous êtes suffisamment instruits ; j'exécute ma promesse et voici mon testament.

« Et puis, recueillant toute sa sagesse et tout son amour, il prend du pain, en fait autant de morceaux qu'il y avait de personnes à sa table, et, avec cette parole puissante et divine qui jeta les mondes dans l'espace, guérit les malades et ressuscita les morts, il dit : « Ceci est mon corps. »

« Vous le savez, mes frères, sous le souffle de cette parole puissante, qui toujours réalise son œuvre en même temps qu'elle l'indique, le pain a disparu et cédé la place au corps, au sang, à l'âme et à la divinité du Sauveur : la première messe était dite et la première communion de l'humanité faite, en la personne des apôtres.

« Il fut pour chacun de vous aussi, mes frères, un jour heureux entre tous, où le ministre de Dieu vous a dit : Depuis trois ans, je vous enseigne la doctrine de Jésus-Christ; aujourd'hui, vous êtes suffisamment instruits; prenez possession de l'héritage qu'il vous a laissé ; faites votre première communion. Et vous êtes venus vous agenouiller à cette Table sainte, vous sentant au cœur la joie d'une conscience tranquille, l'amour de la pureté des anges et les suaves convictions de la foi catholique.

« Eh bien ! mes frères, en ce jour qui vous rappelle, avant tout, la première communion de l'humanité et la vôtre, ne permettrez-vous pas au prêtre du Christ de laisser couler à flots rapides et pressés le torrent de ses convictions profondes et de ses désirs ardents, et de vous dire avec le grand Apôtre des nations : « *State in fide, confortamini et viriliter agite.* »

Abordant alors le développement de chacune de ces pensées, il continuait ainsi : « Oui, frères bien-aimés, restez bien fermes dans la foi de vos pères et de votre première communion.

« La vérité est immuable comme Dieu même, dont elle émane. Les caprices et les passions des hommes, les opinions des peuples et les attaques de ceux qui les gouvernent ne peuvent rien contre elle. Elle reste la même toujours ; elle est, au milieu des flots et des tempêtes humaines, le rocher de granit que rien ne saurait entamer.

« Donc, frères bien-aimés, ce qui était vrai, au jour de votre première communion, est vrai encore ; ce qu'il fallait croire et pratiquer alors, il faut encore le croire et le pratiquer aujourd'hui.

« Il était vrai alors, que vous avez là, au dedans de vous-mêmes et faisant le fond de votre être, une âme spirituelle dont le corps n'est que le vêtement ; que cette âme, immortelle et libre, devait traverser, sans subir d'atteinte, les portes de la mort pour se présenter à son maître et à son juge. Cela est vrai encore ; restez fermes dans cette foi de vos ancêtres et de votre première communion.

« Il était vrai alors que ce Dieu, maître et juge de l'humanité, est le fidèle rémunérateur de la vertu et le juste vengeur du crime, et que, s'il laisse parfois sur la terre la vertu sans récompense et le crime sans châtiment, c'est qu'il veut abandonner l'homme à sa liberté et attendre, lui l'éternel, l'âme qui ne meurt pas, au soir de sa journée, au terme de sa vie sur la terre. Cela reste vrai ; restez bien fermes dans cette foi de vos ancêtres et de votre première communion. »

Nous nous attardons à citer ces passages, parce que cette instruction est du petit nombre de celles que M. le doyen a écrites, à peu près en entier, les autres ne renfermant guère que des indications sommaires, et aussi, parce qu'elle donne une idée de la clarté de sa parole, de sa manière frappante et incisive de présenter les choses, de la chaleur qui anime partout le discours.

Est-il étonnant que ces instructions du Jeudi-Saint aient causé une vive impression et qu'on croie encore entendre M. le doyen rappelant « l'*unum est necessarium* » la seule chose nécessaire, ou célébrant la loi de Dieu, inscrite dans la conscience, publiée au Sinaï et commentée dans l'Évangile ? « Les législateurs humains, disait-il, affichent leurs lois sur nos murs et le temps détruit vite le morceau de papier qui nous les apporte. Le Seigneur Dieu, pour promulguer sa loi, prend des moyens plus durables et plus sûrs : il l'affiche, ou plutôt il l'incruste, dans le fond même de notre nature, et les caractères qui l'expriment sont tels, que l'illettré et le savant lisent ce code divin, avec la même facilité, aussi bien dans les ténèbres profondes des nuits d'hiver que sous la lumière éclatante du soleil de midi. »

On n'a pas oublié non plus le carême consacré tout entier à retracer « le drame de l'irréligion, » encore moins peut-être « les petits sermons prononcés à toutes les messes pendant le carême de 1881. » A cette occasion, Mgr Lequette écrivait à M. le doyen : « J'apprends avec intérêt tout ce que vous avez réglé pour donner à vos paroissiens le pain de la parole, pendant le saint temps du Carême. Espérons que vos efforts ne seront pas sans résultat. Je demanderai au bon Dieu dans mes prières qu'il les bénisse. » Dans ces « petits sermons, » les questions capitales de l'existence de Dieu, de la création de l'homme, de l'existence et de l'immortalité de l'âme sont abordées en même temps que les erreurs du matérialisme, du transformisme et des générations spontanées, mais sous une forme éminemment simple : comparaisons, rapprochements, exemples, anecdotes, tout est employé pour rendre les vérités accessibles aux intelligences les moins développées, s'emparer de l'attention et faire pénétrer les notions les plus essentielles jusque dans le fond de l'âme et de la conscience.

En cette même année 1881, les fêtes de la canonisation de l'enfant de l'Artois, saint Benoît-Joseph Labre, excitèrent les plaisanteries de l'impiété. La *Gazette* qui, a-t-on fait remarquer, n'est pas de Bapaume, se surpassa elle-même en cette circonstance par le caractère repoussant des blasphèmes, « l'ignominie de la pensée, l'immonde grossièreté du style et cet argot de carrefour que l'écrivain ne saurait employer quand il garde par devers lui la moindre honnêteté » (1). Ce fut l'occasion, pour quelques personnes pieuses, de doter l'église de la statue du grand mortifié : « D'aucuns pourront dire et croire peut-être, s'écriait M. le doyen, que c'est un défi jeté à certaines opinions qui se sont insolemment étalées en ces derniers jours ; ceux-là se tromperont. La vraie piété chrétienne, qui est la vôtre, mesdames, ne défie jamais ; elle s'attriste des injures que l'on profère contre la vérité et la foi ; elle prend en pitié les personnes qui en sont les tristes auteurs ; elle s'efforce souvent

(1) *Cantonal* du 16 octobre 1881. — Un ami de M. le doyen, qui habitait Arras et fustigeait parfois la *Gazette*, fit un jour chercher un numéro de ce journal à l'imprimerie, place du Wetz-d'Amain, 7. — « Madame fait sans doute erreur, répondit-on à l'envoyée ; une personne qui se respecte ne lit pas ce journal. »

de compenser devant la justice divine les outrages que subit la religion, par de sages et prudentes réparations; mais, encore une fois, elle ne défie jamais. »

M. le doyen profita de la circonstance pour retracer rapidement la vie mortifiée, la mort triomphante et la récente glorification du Saint de l'Artois ; il justifia les honneurs qui lui étaient décernés, indiqua les leçons qu'en recevait le siècle et répondit aux attaques de l'impiété : « Il te plaît, ô mon siècle, d'honorer tes grands hommes en dressant leurs statues sur tes places publiques, et tu penses faire bien ; pourrais-tu par hasard trouver mauvais que l'Église de Jésus-Christ suive, elle aussi, les nobles instincts de la nature humaine et élève des statues à ses héros ?

« Sans doute, ses héros, à elle, ne sont pas ceux qui se sont illustrés dans tes industries ou dans les hasards de tes sanglants combats ; ils sont d'un ordre différent et, permets-moi de te le dire, d'un calibre supérieur.

« Les héros de l'Église sont ceux qui, armés de la grâce et de la force de leur volonté invaincue, ont su, dans de quotidiennes et perpétuelles victoires, vaincre le monde et ses enivrants attraits, défier l'enfer et ses tentations répétées, dompter la nature et ses incessantes sollicitations. Les héros de l'Église sont ceux qui ont porté au plus haut degré toutes les vertus chrétiennes et dirigé leur vie dans les sentiers difficiles de la perfection, aux lumières de la foi chrétienne et des conseils évangéliques.

« Vous, chrétiens, vous savez avec quelle rigueur le tribunal institué par l'Église instruit les procès de canonisation, et vous dites sans doute, avec un grand évêque, que, s'il fallait passer à ce crible les titres des héros qui encombrent le dictionnaire des grands hommes, beaucoup resteraient dans le déchet.

« Saint Benoit-Joseph Labre a donc sa statue dans cette église, parce que saint Benoit-Joseph Labre est un héros de la société chrétienne, un héros que Jésus-Christ place hardiment devant ce siècle, pour lui servir de leçon et d'exemple.

« Ce siècle détrônerait Dieu, l'anéantirait même, s'il le pouvait; il l'a chassé de ses institutions, il l'a chassé de ses écoles et demande au peuple de ne plus s'en occuper; et saint Benoit-

Joseph Labre, depuis les premières lueurs de sa raison naissante jusqu'au dernier souffle de sa vie, n'a cherché, n'a voulu que son Dieu.

« Ce siècle, couché là tout en bas dans les jouissances de la vie et la boue des passions, serait heureux de n'avoir point à rendre compte à Dieu de ses turpitudes et de ses vices, de ses calomnies et de ses injustices, et cherche à se persuader que l'homme n'a d'autre destinée que celle des bêtes inintelligentes; et les sublimes extravagances de saint Benoît-Joseph Labre lui crient que l'âme est immortelle et l'homme sur la terre pour amasser des richesses et des jouissances éternelles....

« Ce siècle regimbe : il s'étonne, il s'irrite; et assurément, mes frères, les échos de sa colère sont venus jusqu'à vos oreilles. Mais, après tout, s'écrie-t-il, ce héros dont vous faites tant parade, ce n'est qu'un mendiant, un fainéant et.... — pardonnez-moi, mes frères, d'employer cette expression, qui ne viendrait certainement pas sur mes lèvres, si l'incrédulité ne l'avait jetée comme une insulte à la face de l'Église, — et un pouilleux.

« Un mendiant! Comment, mes frères, on fait un reproche à saint Benoît-Joseph Labre d'avoir été un mendiant! Ce siècle en est donc arrivé à ne plus savoir que Jésus-Christ, mon maître et le sien, a revêtu la pauvreté d'honneur et de gloire!

« Si saint Benoît-Joseph Labre fut un mendiant, ce fut un mendiant volontaire, car sa qualité d'aîné de la famille lui donnait des droits à une fortune qui aurait surpassé la plupart des nôtres.

« Du reste, il ne fut pas un mendiant dans la stricte acception du mot : il recevait ce qu'on lui donnait, souvent pour le partager avec d'autres; il ne mendiait pas.

« Un fainéant! Qu'est-ce donc qu'un fainéant, mes frères? Est-ce tout homme qui ne s'adonne pas aux travaux manuels qu'exige l'agriculture, le commerce ou l'industrie? Mais, à ce compte-là, tous les hommes de robe et d'épée, tous ceux qu'occupent les labeurs de l'intelligence seraient des fainéants. Ce n'est pas cela, sans doute; et par fainéant, il faut entendre celui qui a peur du travail et ne veut s'en imposer aucun; il faut entendre l'amateur de ses aises et de son repos.

« Or, s'il vous plaît, mes frères, saint Benoît-Joseph Labre avait-il peur de tout travail, lui qui, pour se fatiguer davantage dans ses longues pérégrinations, remplissait son havre-sac de cailloux, lui qui se livrait aux grandes fatigues de la prière que l'on aime généralement si peu, lui que l'on rencontrait sans cesse agenouillé sur les dalles des églises, les bras croisés sur la poitrine, dans une posture incommode? Jamais il ne s'accordait ni aise ni repos; il ne prenait même pas toujours ses quelques heures de sommeil.

« Un pouilleux ! Deux remarques, mes frères ! La première, c'est que saint Benoît-Joseph Labre avait l'âme noble et grande ; malgré ses efforts, jamais il n'a pu se rendre abject et méprisable. Pour peindre la figure du Christ humilié, un peintre français n'a trouvé rien de mieux que de copier la noblesse de ses traits, et Rome s'accordait à reconnaître en lui un Français de condition faisant pénitence. Cette âme noble et grande devait donc ressentir vivement toute la honte de l'ignominie.

« Une autre remarque, mes frères, c'est que plus le sacrifice est lourd, la mortification pénible, la pénitence dure à la nature, plus elle est agréable à Celui qui scrute les cœurs. Eh bien ! le grand mortifié s'imposait cette pénitence-là, parce que c'était la plus rebutante pour sa nature délicate.

« Et si, mon siècle, tu te moquais encore de cette vermine voulue par la pénitence et le sacrifice, avec le grand évêque de Poitiers je te parlerais, moi, de la vermine autrement honteuse qui ronge et ton intelligence et ton cœur.... »

Pour achever de faire comprendre quel intérêt s'attachait aux prédications de M. le doyen, nous emprunterons encore quelques traits à trois sermons consacrés à la presse :

« Pendant cette année, nos prônes du dimanche auront pour objet l'explication de la formule qui nous présente toute la foi catholique dans un résumé parfait, le Symbole des Apôtres.

« Mais, avant que de bâtir, il convient de déblayer le terrain ; et je voudrais, avant d'entrer en matière, écarter les attaques de *la presse*.

« C'est la mode aujourd'hui de s'attaquer au bon Dieu, à son Eglise, à ses ministres ; l'irréligion et l'impiété sont à l'ordre du jour ; le blasphème est de bon ton. Nos rues sont envahies par des journaux, des brochures, des pamphlets qui semblent avoir déclaré à la foi de nos ancêtres et à la moralité publique une guerre à outrance, une guerre à mort.

« S'il vous plait, mes frères, que doit-on *penser* de ces romans et de ces journaux, et quelle doit être, à leur égard, *la conduite* des chrétiens ?

« Je laisse de côté leur style et leur littérature. Plusieurs écrivent en un langage innommé, qui n'est d'aucun siècle, d'aucune nation. Je passe et j'arrive à leur doctrine. Pour accomplir le devoir de ma charge pastorale, j'ai dû m'imposer leur écœurante lecture, et, je le dis hautement, je ne leur ai point trouvé de doctrine.

« Toute leur science consiste à salir toute vérité, et à altérer toute justice. Certes, mes frères, ce métier d'insulteur public, de chercheur de gros mots dignes des halles, d'inventeur d'historiettes calomniatrices et obscènes, est un métier facile pour lequel il suffit d'un cœur dépravé et d'une intelligence commune.

« Parfois ils vous ressassent, contre la religion du Christ, certaines objections et certaines impossibilités apparentes. Et ils ne savent pas, dans leur ignorance, que ce sont là des difficultés rebattues, des armes rouillées qui ont été cent fois brisées, par nos apologistes, aux mains de nos ennemis. Pour moi, mes frères, quand, obligé de le faire, je lis ces Dons Quichottes modernes, il me semble voir des revenants du règne de Charles VI, se prévalant de leur arquebuse contre nos canons rayés.

« Dans ces attaques à la religion, que sont donc ceux qui se posent comme ses adversaires ? — Il est du plus simple bon sens de faire juger les cas difficiles par ceux que nous sommes convenus d'appeler des spécialistes. En architecture, nous consultons des architectes ; en stratégie, des généraux ; en médecine, des docteurs ; en question de légalité, des magistrats rompus dans l'étude du droit... Or, s'il vous plait, que sont donc ces prétendus spécialistes en regard des Bossuet, des Thomas d'Aquin, des Augustin, ces géants de la pensée humaine, ces lumières de l'humanité, ces intelligences monumentales ? Ce qu'ils sont ?... la charité m'oblige à le taire.

« Vous m'objecterez peut-être que, parmi eux, il est des savants qui se présentent à nous avec l'auréole de tous leurs grades universitaires.

« Il en est de tels, je vous l'accorde ; mais, je vous en prie, apprenez à distinguer. Ce n'est pas, ce me semble, sur les bancs des écoles universitaires de nos jours, que l'on apprend la religion de nos pères. Le programme de ces écoles est vaste : beaucoup de choses, trop de choses y ont trouvé leur place ; mais le symbole de la foi des chrétiens n'y a pas trouvé la sienne. Et, pour savants qu'ils soient en d'autres branches, beaucoup ressemblent, et à ce baron de Breteuil qui, sommé de nommer l'auteur de l'oraison dominicale, l'attribuait à Moïse, et à François Arago, qui entendait pour la première fois cette prière, de la bouche de la Sœur veillant sur son agonie, et à ce fameux ministre de l'instruction publique qui, ayant l'honneur de remplir les fonctions de parrain, ne sut pas réciter le *Credo*.

« Toutefois, mes frères, si tous ces journaux ne méritent, au point de vue de leur mérite intrinsèque, que le sourire du dédain, du mépris et de la pitié, au point de vue pratique des effets qu'ils produisent sur les âmes, ils sont dignes de toute notre douleur...... »

Dans une seconde instruction, M. le doyen débutait ainsi :

« Tous les hommes sont naturellement amis de la vérité, et désireux de la connaître. Mais ne pouvant tous la rechercher, la découvrir, la reconnaître par eux-mêmes, ils sont obligés de s'en rapporter aux témoignages des autres. Or, en ces temps d'impiété et de division, deux personnalités bien distinctes se présentent au peuple de France, avec des affirmations absolument contraires, et lui disent : Venez à moi, je suis la vérité.

« La première se présente à nous sous les traits d'un noble vieillard, aux cheveux blanchis par l'âge et l'étude, au front vaste et découvert, aux yeux brillants des clartés du génie : elle se nomme la religion du Christ Jésus. Elle a reçu du ciel le dépôt sacré de toutes les vérités divines, et tous les géants de la pensée humaine l'entourent, la soutiennent et la défendent.

« L'autre se montre à nos regards sous la figure d'un jeune homme, marqué, avant l'âge, des rides de la volupté et du plaisir. Il n'a rien de rassis ni de modéré ; sa démarche est brusque, ses résolutions prime-sautières ; il se nomme le journalisme. Il est environné de romanciers et de chroniqueurs qui flairent le vent de l'opinion, afin d'apprendre d'elle la marque qu'il convient de donner à leur marchandise littéraire, pour la vendre et plus facilement et plus cher. Et ce jeune homme, et ces romanciers, et ces chroniqueurs, tout ce monde de bas étage crie à tue-tête : Ce vieillard, ces Augustin, ces Thomas d'Aquin, ces Bossuet sont de vieux imbéciles ; c'est nous qui possédons la vérité, c'est nous qu'il faut croire !...

« Mes frères, si l'on restait dans les hauteurs de la théorie, si on ne voulait appuyer son jugement que sur les lois ordinaires de la prudence vulgaire et du bon sens pratique, on se dirait évidemment : Laissez donc crier ces jeunes bouffons, ces harangueurs de foire ; il n'est personne qui puisse se laisser prendre à leur boniment.

« Mais si, des hauteurs de l'intelligence et du bon sens français, on descend dans la rue, pour pénétrer dans les magasins et derrière les comptoirs, pour prêter l'oreille aux échos des cafés et des estaminets, on se sent comme saisi de stupeur et l'on est obligé de s'avouer ceci à soi-même : en ces jours de vertige et d'erreur, le journalisme de bas étage, les mauvaises feuilles à un sou font autorité pour le public, tandis que la belle et vénérable religion du Christ est trop généralement abandonnée.

« N'essayons pas, mes frères, de nous tromper nous-mêmes ; n'imitons pas l'autruche du désert. Il en est malheureusement ainsi : en ces jours que nous traversons, le journalisme impie, malgré son manque absolu de science et de doctrine, malgré ses erreurs et ses mensonges mille fois constatés, se fait beaucoup d'adeptes et il est généralement cru sur parole.

« Je voudrais aujourd'hui vous dire le *pourquoi* de ce triste état de choses.

« Or, ce *pourquoi* se trouve tout entier dans cette immoralité profonde qui ronge notre société moderne. Veuillez me suivre, s'il vous plaît.

« Malebranche, — un profond penseur, celui-là ! — a dit quelque part : Si l'arithmétique, la géométrie, les mathématiques en général jouissent d'une évidence incontestable, c'est qu'aucune passion humaine n'est intéressée à la contester ; mais si jamais la théorie de la division, des fractions, de la racine carrée ou de la racine cubique, si jamais le carré de l'hypothénuse ou le binôme de Newton entraînaient des obligations morales, l'arithmétique, la géométrie et l'algèbre deviendraient vite un thème de sophistique ; bien vite, elles donneraient naissance à des thèses plus ou moins absurdes, à des affirmations plus ou moins dépourvues de sens commun. Oui, ajouterai-je, l'Institut aurait beau réduire en théorème géométrique le sixième et le neuvième commandements de Dieu, ils compteraient autant d'incrédules, de contradicteurs et d'insulteurs, qu'il y a de débauchés dans les cinq parties du monde..... »

Dans la troisième instruction, M. le doyen pose à son auditoire ces deux dernières questions :

« Comment se fait-il que cette presse contemporaine, mensongère et immorale, produit tant et de si mauvais effets ? Quels sont, à son égard, les devoirs des catholiques ? »

Elle fait adopter ses mensonges, parce qu'on n'entend qu'elle ; et il l'explique ainsi :

« Il y a, de par le monde, un vieux proverbe essentiellement vrai : « Quand on n'entend qu'une cloche, on n'entend qu'un son ; et si la cloche est fêlée, le son est faux. »

Pour rendre raison de son influence immorale, il a recours à une comparaison :

« Un bel ormeau embellissait le fond d'un jardin et autour de lui croissaient quelques jeunes pousses de lierre. Bientôt ces pousses se développèrent et grandirent ; elles enlacèrent l'arbre dans leurs sinueux contours, gagnant de proche en proche, étreignirent ses branches et recouvrirent ses feuilles : au bout de quelques années, quand revint le printemps, l'arbre ne reverdit plus : il était mort.

« Mes frères, tout au bas de notre nature humaine, dans les parties inférieures de notre être, se trouvent aussi des pousses qui veulent enlacer nos âmes pour les maîtriser et les étouffer ; ces pousses-là se nomment les passions ; elles constituent l'instinct mauvais. Or, la presse contemporaine s'efforce de s'emparer de cet instinct mauvais par ses romans impurs, par ses feuilletons éhontés, par ses faits divers mensongers, graveleux, impudiques, inventés à plaisir....

« Peut-être demain, si mes paroles te sont rapportées, me couvriras-tu de tes sarcasmes et de tes mensonges, comme tu as fait pour mes frères ; mais, sache-le bien, je suis dans la vérité et je ne te crains pas. Ta haine ne montera jamais jusqu'à la hauteur de mon mépris.

« Oui, je ne crains pas de le dire : je te méprise ! Je te méprise à cause de tes mensonges et de ton immoralité ; je te méprise parce que tu dépraves tous les jours davantage et que tu jettes dans la boue, où tu les piétines, ces enfants bien-aimés, ces fils du ciel, qui, sans toi, auraient été les forts d'Israël, les amis de l'honneur et de la vertu ; je te méprise, parce que tu détruis chaque jour ce qu'il y a de plus beau dans le chrétien, mon frère, dans la famille et dans la société !..... »

§ X. — Le Presbytère et la Paroisse.

Le presbytère de Bapaume, l'un des plus vastes et des plus beaux du diocèse, était bien en rapport avec la manière large et grande dont M. le doyen exerçait l'hospitalité, soit qu'il eût à recevoir l'évêque du diocèse, à l'occasion de la visite pastorale ou de quelque importante cérémonie, soit qu'il fût honoré de la présence des évêques de Luçon et du Mans, ses amis, soit qu'il réunît à sa table les prêtres du doyenné, soit enfin qu'une circonstance exceptionnelle lui permît de grouper autour de lui l'élite de ses paroissiens, comme il arriva lors de son installation et de l'inauguration du monument de Mgr Lequette.

En temps ordinaire, il y avait table ouverte au presbytère, pour recevoir les personnes amenées par les diverses entreprises en voie d'exécution, pour accueillir les prêtres du doyenné ou d'ailleurs, qui venaient chercher un renseignement ou un conseil, pour héberger les amis que ramenait la cordiale et gracieuse hospitalité exercée par toute la famille. Moins frugale qu'autrefois, grâce à l'élévation de M. Dollé dans la hiérarchie religieuse et sociale, grâce aussi aux facilités que l'on rencontre aujourd'hui, même dans les petites villes, la table se tenait dans les limites d'une honorable simplicité. Tout son charme venait de la cordialité de l'accueil, de l'aimable abandon de la conversation, de l'intérêt toujours nouveau que présentaient les récits de projets ou d'entreprises, de difficultés ou de succès. C'est à table que l'on possédait M. le doyen durant quelques instants trop vite écoulés ; car la journée se passait pour lui, en bonne partie à l'extérieur, surtout au moment des grands travaux. S'il rentrait au presbytère, c'était pour trouver des visiteurs qui l'attendaient ou s'étaient fait annoncer : on venait lui parler de toute sorte d'affaires et on trouvait toujours près de lui les meilleurs conseils : « Qui ne fut frappé à son arrivée parmi nous, a dit M. le maire, de cette largeur de vues avec laquelle il envisageait toute question, de la sagesse dont ses paroles étaient empreintes, des aperçus judicieux par lesquels il ouvrait devant vous des horizons inattendus ; ajoutez à cela, qu'il parlât soit au public, soit à ceux qui avaient l'honneur de l'entretenir, — et j'ai été plusieurs fois de ce nombre — un langage clair, précis, portant avec lui la lumière. Et cet esprit supérieur était accessible à tous. » Et il le fut jusque dans la maladie ; aussi les médecins durent-ils interdire toute visite, quand le malade fut vraiment décidé à prendre des soins, depuis longtemps nécessaires et malheureusement devenus inutiles.

La journée était donc presque toujours absorbée tout entière par les œuvres extérieures ou les visites, et il ne restait guère à M. le doyen que la soirée ; encore était-il souvent obligé de prendre sur ses nuits, pour accomplir ses devoirs de piété et donner quelque temps à l'étude. Il ne pouvait s'agir d'études purement spéculatives ; bien souvent on l'entendait dire à propos d'une question agitée, d'un débat soulevé : « Quand j'aurai le temps, j'étudierai ce point. » Et le temps ne venait presque jamais, parce qu'il était pris par des travaux pratiques qui avaient trait aux œuvres paroissiales. C'étaient des instructions à préparer, — et nous avons vu qu'elles s'inspiraient toujours des besoins du moment ou du caractère des circonstances ; — c'étaient des recherches à faire, des brochures à composer, des plans à combiner, des lettres à écrire, une défense à présenter. Car, il n'avait pas pour système de se laisser attaquer et maltraiter, lui et les siens, sans dire mot ; il laissait à d'autres le parti pris de l'effacement qui donne si beau jeu à nos adversaires. Cela ne veut pas dire qu'il aimât la lutte : « La lutte, a-t-il répété souvent, me fera mourir. Dieu sait si j'aime et si je désire la paix, si je prends tous les moyens de l'entretenir et de la sauvegarder. — Mon cher ami, a-t-il dit bien des fois à un prêtre, ne reculez, ne cédez jamais, quand il s'agit de défendre la justice et la vérité ; mais ne soyez jamais agresseur. Attendez qu'on vous attaque pour vous défendre, car nous devons être avant tout des ministres de paix. » Du reste, il suffit d'avoir vécu dans son intimité pour savoir, à n'en pouvoir douter, qu'au fond de cette nature ardente il y avait un cœur vraiment pacifique, et qu'au milieu des luttes les plus chaudes, il réservait à ses adversaires des trésors de tendresse et d'indulgence. Il n'eut jamais pour eux une parole amère et il s'apitoyait sur leur déconfiture plus qu'il ne jouissait de son propre triomphe : « Ce pauvre M..., disait-il ; enfin, il l'a voulu ! »

Il n'attaquait personne, mais il ne cédait pas non plus, quand il avait pour lui la justice et le droit. Il veillait à la parfaite observation des lois canoniques et il n'eût pas fait bon de venir lui demander les honneurs funèbres pour qui ne les eût pas mérités. Il ne se laissait pas arrêter par la crainte d'un enterrement civil : « Qu'ils enfouissent leurs morts ; c'est le suprême déshonneur, et c'est justice qu'ils se l'infligent à eux-mêmes ! »

Ce n'est pas lui qui eût cédé quelque chose des droits de l'Église pour éviter une suppression de traitement, ou se ménager un avancement entrevu ou désiré. Il n'était pas plus sensible aux divers prétextes que nous avons entendu émettre en ces derniers temps, pour excuser ou autoriser le silence. « Qu'on nous la donne, cette séparation de l'Église et de l'État, que les uns nous jettent à la figure comme une menace, que les autres redoutent comme un épouvantail ; nous vivrons dans une chaumière de la vie la plus simple et la plus austère, s'il le faut ; du moins, nous jouirons de nos droits, ou, si on nous les refuse, nous aurons l'indépendance nécessaire pour les revendiquer. Qu'a-t-on gagné à céder et à reculer, à mesure que les ennemis de l'Église faisaient un pas en avant ? » Et il jetait un œil d'envie sur cette fière Belgique, où l'union des évêques a tenu en échec une loi fatale à l'enseignement catholique. Et il applaudissait à la noble attitude, au ferme langage des intrépides évêques et des pauvres curés de la malheureuse Irlande.

Le presbytère était ouvert à tous, mais, avant tous les autres, à MM. les vicaires, qui y trouvaient un second foyer : avec eux, M. le doyen partageait souvent sa table, toujours les légumes et les fruits de son jardin : c'était la vie commune dans la mesure où elle est agréable et utile. Ils étaient traités en amis et se savaient l'objet d'une véritable affection. Tous leurs intérêts étaient chers à M. le doyen qui, à l'occasion, s'occupait de l'arrangement de leur maison, facilitait l'heureuse acquisition des provisions du ménage et prenait le plus grand soin de leur santé. Les plus heureuses combinaisons étaient imaginées pour ne pas les envoyer au cimetière à jeun, et, quand tout autre moyen faisait défaut, c'est du presbytère que venaient les réconfortants destinés à prévenir la fatigue. Ils recevaient une direction qu'on peut dire de tous les jours et de tous les instants ; M. le doyen ne savait rien leur refuser et allait même jusqu'à se ranger à leur avis.

A son arrivée à Bapaume, on n'avait plus l'habitude de porter le costume de chœur, accordé aux vicaires de ville. L'un de ces Messieurs, — est-il besoin de le nommer ? — demanda et obtint, on ne peut plus facilement, le retour à un usage légitime et autorisé. Mais l'appétit vient en mangeant, et, quand il s'agit de galon, dit le proverbe, on n'en saurait trop prendre. Une doublure en soie rouge, un liséré et des boutons de même couleur tranchent agréablement sur la soie noire d'un camail, et le costume des bénéficiers de seconde classe ne laisse pas que d'avoir ses charmes. — « Les insignes d'un vicaire de Saint-Pol ou autre petite ville, c'est trop peu, Monsieur le doyen, pour les vicaires de Bapaume, la ville qui a donné naissance à Mgr Lequette ; il ne serait que juste que nous eussions le pas sur tous nos confrères du diocèse et que nous fussions mis sur le même pied que les vicaires de la Cathédrale. — Monsieur Lagache, vous allez me faire commettre une sottise, » fut la réponse de M. le doyen ; et il fit la démarche désirée. Mgr Lequette, qui ne comptait déjà plus les faveurs accordées à son pays natal, ajouta de bon cœur celle-ci aux précédentes.

Une autre fois, il s'agissait d'une mesure à prendre au sujet des catéchismes, et les vicaires ne partageaient pas l'avis de leur curé. Il les réunit et on discute la question : les vicaires défendent leur opinion, et, quand on prend une décision, c'est leur avis qui prévaut. M. le doyen s'incline, en faisant cette seule observation : « Vous voulez la mesure ? Il doit être entendu que nous y tiendrons : j'exigerai un parfaite fidélité. » Et le lendemain, elle était annoncée en chaire.

Il montrait une très grande indulgence à leur égard, comme il faisait toujours à l'égard des petits et des humbles. Ceux-là seulement qui vont au-devant des responsabilités et des charges, ou qui les assument sans être en mesure d'en porter le poids et d'en remplir les devoirs, auraient pu le trouver difficile et exigeant ; il apportait tant d'application, de travail et d'études à tout ce dont il était chargé, qu'il ne s'expliquait pas qu'on expédiât une besogne, ou qu'on remplit un office au pied levé. « Messieurs, soyons sérieux.... réfléchissons.... travaillons.... » C'étaient les mots qui revenaient le plus souvent sur ses lèvres, quand il avait autour de lui ses vicaires ou des séminaristes, car ceux-ci recevaient également bon accueil au presbytère et pouvaient s'y considérer comme chez eux.

On y voyait encore, cela va sans dire, les curés du doyenné ; toujours reçus à cœur ouvert, ils trouvaient des encouragements, des conseils et, eux aussi, une défense, s'il en était besoin.

Un jour se présente au presbytère l'une de ces créatures, comme il s'en rencontre partout, acharnées à flétrir le clergé. M. le doyen, qui n'a pas tardé à voir de quoi il retourne, laisse couler un flux interminable de paroles et écoute ; puis, l'acte d'accusation terminé, il dit : « Veuillez reprendre ; je vais écrire sous votre dictée. » Et, quand ce fut fini : « Veuillez maintenant signer votre déposition. » Faut-il ajouter que la personne, si pressée de dénoncer, l'était fort peu d'engager et sa signature et sa responsabilité ? Son refus acheva d'éclairer M. le doyen, qui déchira le papier, en jeta les morceaux au feu pour montrer le cas qu'il faisait de la démarche, et congédia la personne. Que d'humiliations, pour ne pas dire plus, auraient été épargnées au clergé, si on avait toujours traité ces créatures-là de même sorte !

Dans la mesure où le lui permettaient ses multiples occupations, M. le doyen se prêtait aux désirs de ses curés, et il relevait de sa présence l'éclat des grandes cérémonies. Il leur venait en aide par ses conseils et son autorité, s'il s'agissait d'œuvres présentant quelques difficultés. Toujours préoccupé de l'instruction religieuse de l'enfance, il leur recommandait chaleureusement le soin des catéchismes, et, pour peu qu'ils en manifestassent le désir, il se transportait dans leur paroisse et présidait les examens préparatoires à la première communion. C'était un encouragement donné aux enfants, aux parents, au curé ; c'était le moyen, alors que les obstacles grandissent tous les jours, de maintenir le niveau de l'instruction religieuse, et, en montrant les mêmes exigences que par le passé, d'appuyer, et, au besoin, de couvrir l'autorité de M. le curé.

Les amis les plus intimes de M. le doyen le taquinaient souvent sur la place que la brique tenait dans sa vie ; et, de vrai, il ne pouvait rien voir d'inachevé ou d'incomplet, sans y mettre la main. Au presbytère déjà si agréable et si beau, il ajouta plus d'un embellissement : la grande salle du fond, à main droite en entrant, fut transformée ; elle devint un vaste cabinet de travail entouré de bibliothèques et d'armoires en chêne, avec bureau monumental au centre et tableaux à l'huile appendus aux murs. Ce travail fut fait, grâce à des pièces inutiles ailleurs et notamment au petit portail de l'église, qui devint d'un accès plus commode et plus élégant. Les alentours de cet édifice, bien dégagés, furent toujours d'une tenue irréprochable ; les troncs furent renouvelés pour devenir incrochetables ; un coffre-fort fut scellé dans le tabernacle en pierre de l'autel de Notre-Dame de Pitié, et, pour l'ornementation des autels, un appel fut fait aux personnes de la paroisse qui disposaient de loisirs et se distinguaient par l'habileté de leurs doigts. Il la voulait belle son église, comme il voulait beaux, les offices, les chants, les cérémonies. Et tout cet ensemble s'animait et prenait de la vie aux accents de sa voix et aux flammes de son éloquence. Quand une fête ramenait au pied des autels une grande affluence d'hommes et surtout d'ouvriers, alors son âme débordait de joie, et c'était de l'enthousiasme qui montait de son cœur à ses lèvres et s'épanchait en paroles vibrantes et émues. Il faudrait, pour s'en faire une idée, l'avoir entendu le soir d'une fête de S. Joseph : après une journée donnée à la piété, cent cinquante ouvriers, hommes et jeunes gens du patronage, suivaient la procession du soir, un cierge à la main ; M. le doyen prenait la parole, et, à la lettre, il soulevait son auditoire.

C'est qu'il les aimait, ses ouvriers ! L'un d'eux, honnête d'ailleurs, s'était mis dans un mauvais cas, par suite d'ivrognerie, et avait à comparaître devant le tribunal d'Arras. Exaspéré de l'humiliation qui l'attendait, il se conduisait de manière à aggraver ses torts et courait le risque de rester entre les mains de la justice. Pour lui éviter ce malheur, M. le doyen le fit garder à vue, pourvoyant, durant de longs jours, à sa nourriture, à son entretien, à son logement ; puis, il fit les frais d'un avocat, et, par ce moyen, lui ménagea un heureux acquittement. Mais le malheureux, insensible à ces procédés et dominé par la mauvaise habitude, retomba dans son ivrognerie et abandonna des travaux en cours d'exécution. M. le doyen, loin de se laisser déconcerter par cette inqualifiable ingratitude, retarda l'exécution d'entreprises pressantes, et fit des démarches afin de le ramener au travail et d'assurer le pain nécessaire à ses nombreux enfants. Ce fut peine inutile et le sujet d'une profonde et vive douleur.

En 1882, un ouvrier, resté veuf avec trois petites filles, était entré à l'hospice et approchait de sa fin. Il était intelligent, mais d'un caractère indépendant, et d'un esprit totalement gâté par les idées irréligieuses et les faux principes qu'il avait ramassés dans les grands centres ouvriers. Les Filles de la Charité lui avaient glissé la médaille miraculeuse, mais c'est inutilement qu'elles lui avaient proposé de faire venir l'un de Messieurs les vicaires, chargés du service religieux de l'hospice : il refusait les derniers sacrements. On appela M. le doyen, qui vint s'entretenir avec le malade, condescendit à discuter ses difficultés contre la religion, lui rappela les enseignements de la foi reçus jadis chez les bons Frères, et surtout lui multiplia les preuves de sa bonté, de sa patience et de sa charité. Ce fut peine perdue, et le prêtre dut se retirer, le cœur navré de n'avoir rien obtenu. Le soir de cette même journée, le moribond rappelait M. le doyen, se confessait dans les meilleures dispositions, recevait les derniers sacrements avec piété et embrassait son confesseur pour lui témoigner sa joie et sa reconnaissance. Assurément, les secours de la grâce, obtenue par la prière et par l'intervention de la T. S. Vierge, avaient amolli ce cœur; mais M. le doyen avait été l'instrument des miséricordes divines par sa condescendance et sa bonté. Que de fois il triompha ainsi d'une résistance momentanée et ramena à Dieu de pauvres âmes égarées !

Rien ne lui coûtait pour les arracher au mal comme rien ne lui paraissait impossible pour les en préserver. Vers la même époque, on s'était mis à faire des conférences publiques à Bapaume, et, dès les premières soirées, il fut visible, par le choix des orateurs et des sujets, par la composition et la tenue de l'auditoire, qu'on voulait atteindre le peuple et répandre dans les esprits des germes d'erreur et de désordre. L'école, fermée aux vérités fondamentales de la religion et du bien, depuis qu'elle est devenue laïque, s'ouvrait à ces entreprises de l'esprit sectaire et à ces pratiques de la franc-maçonnerie. M. le doyen fit appel à une Société établie à Arras, dont le but était précisément de suivre ces orateurs forains, et d'opposer à la fantasmagorie de leurs élucubrations l'éclat serein et triomphant de la vérité. Son appel fut entendu, et, grâce à cette intervention, l'œuvre des conférences se traînait péniblement, quand on prit la résolution d'exhiber ce qu'il y avait de plus huppé dans le parti : on fit venir Me Lenglet, avocat au barreau d'Arras. M. le doyen crut le moment venu de frapper le grand coup et fit savoir autour de lui qu'il assisterait, avec ses vicaires, à la conférence annoncée.

Me Lenglet n'avait pas été des plus heureux dans le choix et dans la division de son sujet : il entreprenait l'histoire de l'instruction du peuple en France, où rien n'a été fait avant 1789 : première partie ; — où, depuis, tout a été fait pour les garçons : seconde partie ; — tout aussi pour la femme : troisième et dernière partie.

Le conférencier aborda son thème au milieu d'un silence glacial : « Avant 1789, il n'y avait que les curés et les ignorantins, par conséquent rien. » Visiblement décontenancé par cet accueil significatif, et plus gêné encore par la présence de M. le doyen qu'il avait sous les yeux et dont il ne pouvait fuir le regard, il était agité par un tremblement convulsif et s'égarait dans les feuillets de son discours.

« Eh bien ! dit à haute voix M. le doyen s'adressant à ses vicaires, prenez-vous des notes? »

C'était chose impossible : il n'y avait pas de suite dans les idées.

Le parleur passa rapidement à la seconde partie et plus vite encore à la troisième ; arrivé là, il était complètement perdu dans ses notes.

« C'est faute de lumière ! » se mit-on à crier dans la salle, tandis qu'au dehors le ciel s'assombrissait, le soir venait et la pluie tombait.

L'agent de police Guillemette essaya d'allumer le gaz, et soudain éclata l'air connu : « Des lampions ! » On voyait tout de même un peu plus clair.

Dans tout l'auditoire, il ne se trouvait qu'un individu pour embrasser les idées et prendre la défense de l'orateur. Quatre hommes le saisissent par les extrémités et le balancent à la hauteur de la fenêtre, avec menace de lui en faire prendre le chemin. « Grâce ! » crie-t-on de toutes parts, pour le malencontreux partisan de Me Lenglet.

Celui-ci reprend et essaie de continuer, mais, sur un mot malheureux qui lui échappe, éclatent des bravos à étouffer sa voix.

Il arrive à sa conclusion pratique : « Puisque les cléricaux ont l'œuvre de la Propagation de la Foi, les francs-maçons peuvent bien organiser l'œuvre du sou des écoles ! » — « La Propagation de la Foi, crie à pleins poumons un catholique, voilà la vraie charité, voilà la vraie fraternité ! »

A ces mots, Me Lenglet ramasse les feuillets de son discours et s'en va.

Personne, depuis, ne s'avisa de reprendre ces conférences, et, cette fois encore, le succès de M. le doyen avait été complet.

§ XI. — **Les Écoles.**

« J'aime l'enfance, et je ne saurais taire la prédilection particulière que le bon Dieu a déposée pour elle dans mon âme sacerdotale et paternelle, » disait M. le doyen, en commençant une série d'instructions consacrées à l'éducation.

Cette prédilection, nous l'avons vue se manifester, et par l'érection du Collège Saint-Jean-Baptiste, et par les développements donnés au Pensionnat des religieuses Augustines, et par les soins accordés à toutes les œuvres qui ont en vue l'enfance et la jeunese. Elle éclatera davantage encore dans la question des écoles destinées aux classes pauvres. Là, plus qu'ailleurs, se trouvait, aux yeux de M. le doyen, l'avenir de la paroisse.

I

La question des écoles *primaires* préoccupait la population bapalmoise à l'arrivée de M. Dollé.

Abandonneraït-on la maison qu'occupaient les Frères de la Doctrine chrétienne et qu'on jugeait insuffisante, pour construire un nouveau local à l'usage d'école primaire ?

Ou bien établirait-on une seconde école pour les garçons, en conservant celle des Frères ?

C'est ainsi que la question se posait au Conseil municipal et devant l'opinion.

M. le doyen, pour éclairer l'un et l'autre, publia une courte brochure (1) dans laquelle il démontra, par des plans parfaitement faits et des calculs irréfutables, que la construction d'un nouveau local, à usage d'école primaire de garçons, serait gravement onéreuse pour les finances de la ville, et qu'elle était d'ailleurs inutile, puisque l'école des Frères, convenablement aménagée, et agrandie, si on le voulait, d'une construction peu dispendieuse, recevrait facilement 232 élèves, c'est-à-dire plus que la population bapalmoise ne pouvait en offrir à ses instituteurs.

Cette démonstration fut comprise de la majorité du Conseil

(1) Question des Ecoles : École primaire de garçons.— Imprimerie d'Alexandre Duval, 1879.

municipal et des plus imposés de la commune; le 19 juin 1879, ils refusèrent de voter la construction d'un nouveau local et jugèrent qu'il était mieux de conserver et d'aménager la maison occupée par les Frères de la Doctrine chrétienne.

De la sorte, les intérêts matériels et moraux de la ville étaient sauvegardés, en même temps que les projets sectaires des ennemis de la religion étaient déjoués; mais il fallait s'attendre à un retour offensif de leur part : il eut lieu à plusieurs reprises et sans grand succès, jusqu'à la fin de 1882.

Le 8 octobre de cette année, le Conseil municipal était convoqué pour le *lendemain*, à l'effet de recevoir une communication, que l'on disait importante, sans donner d'autre indication. Le 9, M. le maire donnait lecture à ses conseillers de la lettre suivante :

« *Arras, le 30 septembre 1882.*

« Monsieur le Maire,

« Par délibération du 3 octobre 1878, le Conseil municipal de Bapaume, reconnaissant l'insuffisance de la seule école congréganiste de garçons qu'elle (1) possédait, avait décidé la création d'une deuxième école, dont la direction serait confiée à un instituteur laïque.

« La ville possédait le terrain sur lequel devait s'élever la nouvelle construction ; des plans et devis furent préparés, et le chiffre total de la dépense présumée était d'environ 52,000 fr. (2).

« Le projet était donc en bonne voie, mais les plus fort contribuables, dont le concours était encore exigé à cette époque, refusèrent de voter l'imposition extraordinaire qui devait servir à l'amortissement de l'emprunt, que la ville se proposait de faire à la Caisse des Écoles. La question fut donc ajournée et elle n'a pas été reprise depuis.

« Cependant, la nécessité de la création d'une seconde école de garçons à Bapaume est devenue de plus en plus grande ; l'application de la loi du 28 mars dernier ne saurait, en effet, être assurée avec la seule école congréganiste de garçons

(1) Nous respectons le style préfectoral.
(2) Une bagatelle, comme vous voyez.

que possède actuellement la ville et qui est absolument insuffisante.

« De plus, il serait désirable, comme le fait très justement remarquer M. l'inspecteur d'Académie, dans un rapport qu'il vient de m'adresser à ce sujet, qu'un centre aussi important possédât une école primaire supérieure, ou, tout au moins, des cours complémentaires.

« Il serait facile de réaliser ce projet par la création d'une seconde école, dirigée par des laïques.

« Autre avantage à considérer : cette nouvelle création entretiendrait, parmi les élèves et les maîtres, une émulation qui ne pourrait que profiter aux études.

« Je vous prie de soumettre de nouveau la question au Conseil municipal, dont j'autorise la réunion extraordinaire ; cette assemblée ne voudra sans doute pas se déjuger et se montrera, je l'espère, de plus en plus disposée à donner à la ville de Bapaume un service scolaire digne d'elle, soit sur le terrain primitivement choisi, soit dans l'école libre de M. Decauquy, dont on pourrait faire l'acquisition.

« Recevez, Monsieur le Maire, l'assurance de ma considération très distinguée.

« *Le Préfet du Pas-de-Calais*,

« BIHOURD. »

En vain, quelques membres firent-ils observer que la question soumise à leur examen était grave et réclamait une étude sérieuse ; en vain, demandèrent-ils que la décision fut remise, non pas à six mois, mais à deux ou trois jours, afin de prendre le temps de la réflexion ; la proposition d'ajournement fut rejetée par onze voix contre sept, et la création d'une école laïque votée par onze voix contre six et un bulletin blanc.

Il n'est pas téméraire de le penser et nous ne craignons pas de le dire : on avait eu peur de M. le doyen et de son influence. Il lui eût été facile de relever les inexactitudes de la lettre préfectorale, car l'école des Frères n'était pas *insuffisante*. Bapaume possédait au collège, *sans qu'il lui en coûtât rien, des cours d'enseignement primaire supérieur* ; *l'émulation à entretenir parmi les élèves et les maîtres* n'était qu'un prétexte spécieux, s'il ne conduisait à l'établissement d'une école laïque de filles ; entrer dans cette voie, c'était obérer gravement, sinon ruiner complètement, la situation financière de la ville.

On craignait la lumière ; de là, ces allures mystérieuses, cette lettre tenue cachée, pendant huit jours, à une partie du conseil municipal au moins ; de là, cette discussion étouffée, ce vote manifestement décidé à l'avance.

S'il fallait une preuve qu'on redoutait l'action de M. le doyen, nous la trouverions dans le *Petit Nord* du 24 juin 1879 ; à l'occasion du vote qui, à cette époque, avait repoussé l'école laïque, il reprochait au parti clérical — lisez, M. le doyen — de « travailler à part chacun des conseillers ; de gagner à sa cause coup sur coup, par tous les moyens qui lui sont propres, une grande partie du conseil municipal, puis certains membres de l'administration ; d'obtenir aussi la communication de documents, qui devaient rester la propriété exclusive du maire et de ses adjoints, jusqu'au jour de la séance. »

On avait fait vite et fait mal : les finances de la ville étaient lourdement grevées et, chose plus grave, l'âme des enfants exposée à l'ignorance religieuse et à la perversion morale. M. le doyen ne pouvait rien pour réparer la première conséquence d'un vote dicté par l'esprit mauvais ; il fit tout pour conjurer la seconde, et sauver l'âme des enfants qui lui étaient confiés.

En chaire, il traita la question de l'éducation, fit ressortir son importance et recommanda avant tout le choix judicieux et chrétien de l'école. Mais ce n'était pas assez pour atteindre tout le peuple confié à sa sollicitude pastorale. Aussi il répandit à profusion une brochure (1) qu'il avait décidé l'un de ses amis à publier : on y disait ce qu'est l'école laïque, le but qu'elle poursuit, et son contraste avec l'école congréganiste ; puis on répondait aux attaques les plus spécieuses de la *Gazette de Bapaume*.

Nous l'avons déjà fait remarquer : M. le doyen, bien éloigné

(1) L'école laïque : ce qu elle est et ce qu'elle veut. — Bapaume. Imp. Duval, 1883.

de vouloir tout faire par lui-même, acceptait toujours volontiers et réclamait parfois le concours de ceux qui pouvaient lui être utiles et consentaient à l'aider. Ajoutons que s'il y avait plaisir à l'obliger, il y avait agrément, tout au moins égal, à entreprendre un travail sur ses indications, parce qu'il en fournissait les matériaux avec une sûreté, une précision et une abondance qui facilitaient singulièrement la besogne.

« ... L'école laïque, c'est l'école, non pas simplement dirigée par des laïques, mais sans religion et sans Dieu, visant à faire des impies et des apostats, sous le prétexte mensonger et trompeur de la neutralité, telle que la veut la loi du 28 mars 1882. Or, elle est si évidemment destructive de la foi et de la morale chrétienne, si manifestement condamnée par l'église, qu'il n'y a pas d'hésitation possible pour les parents qui ont conservé un reste de bon sens et d'indépendance. Ils doivent choisir l'école chrétienne, qui, seule, rend possible la préparation à la première communion et assure l'avenir des enfants... » La brochure le dit en un langage vif, alerte et précis, qui ne recule pas devant le mot propre ou le trait incisif.

Le coup porta, et la population entière de Bapaume sut à quoi s'en tenir ; les fondateurs de l'école laïque ne le comprirent que trop bien. Ils s'aperçurent aussi que l'opinion publique leur était défavorable. Or, les élections municipales approchaient. Quelle mesure prendre pour conserver les positions acquises et conjurer l'échec, que faisait redouter le revirement de l'opinion. On essaya de mettre en cause M. le doyen et de lui faire porter la responsabilité de tout le mal.

Bien des fois déjà, la *Gazette de Bapaume* avait insinué que M. Dollé était l'auteur des pages qui défendaient, au *Cantonal*, la cause de la religion et de l'éducation chrétienne; jusque-là, on s'était contenté d'en rire au presbytère. On ne riait pas moins à Arras, à Saint-Pol, à Calais, et ailleurs encore. Cette fois, l'accusation était formelle, le but manifeste ; il n'y avait plus à garder le silence.

M. le doyen demanda d'abord une rétractation qui lui fut refusée ; c'est alors qu'il usa du droit de réponse dans la lettre suivante :

« *A Monsieur Hamel, gérant de la* GAZETTE DE BAPAUME.

« Monsieur,

« Votre journal, dans ses numéros du 10 et 17 février, avait jeté mon nom dans les démêlés que vous avez avec le *Cantonal* et m'avait attaqué personnellement. Ne croyant pas pouvoir rester sous le coup d'inculpations injustes, voulant d'ailleurs user des procédés qui conviennent à mon caractère de prêtre, je vous avait fait demander une rétractation. Se rétracter n'a rien d'humiliant pour celui qui s'est trompé loyalement. Vous m'avez refusé cette réparation, et dans votre numéro de dimanche dernier, vous renouvelez vos allégations. Cette persistance m'oblige à sortir d'un silence que j'aurais voulu garder.

« La loi sur la presse m'autoriserait à vous traduire devant les tribunaux; mais il me répugne de recourir à des moyens extrêmes. Tout en réservant l'avenir, j'use d'abord envers vous du droit de réponse.

« Bien souvent, depuis la fondation de la *Gazette*, j'ai été désigné, par des insinuations plus ou moins inconvenantes, comme l'auteur des articles qui défendent contre elle au *Cantonal* la cause de la religion et celle de l'éducation chrétienne des enfants. Emporté par l'ardeur d'une polémique récente, vous avez lancé contre moi, à ce sujet, une accusation formelle. Mon démenti, Monsieur, sera tout aussi catégorique : « Je ne « suis pas l'auteur des articles que vous incriminez, je n'écris « pas au *Cantonal*. La chaire me suffit pour les enseignements « que je dois donner et pour la défense des intérêts religieux « confiés à ma garde. Les devoirs de mon ministère ne me per- « mettent pas d'ailleurs d'exposer mon nom aux attaques plus ou « moins légitimes des passions politiques. »

« Dans la réponse qui a été faite, au nom de votre journal, à ma demande de rétractation, on insinue que je suis l'inspirateur du *Cantonal*, le véritable directeur du journal. Il n'en est rien. Le propriétaire-gérant du *Cantonal* en est aussi le principal rédacteur. Autour de lui sont venus se grouper des hommes indépendants, d'intelligence et de cœur. Je ne veux rien dire des opinions politiques qu'ils défendent; je sortirais du cercle de mes attributions. Mais ils sont les fermes soutiens de la religion, hélas ! si souvent attaquée par votre journal, Monsieur, et aussi des institutions qui ont fait tant de bien dans notre chère ville de Bapaume. A ce double titre, je suis heureux de leur donner publiquement le témoignage de ma reconnaissance.

« Cette sympathie bien naturelle était-elle une raison qui vous autorisât à m'exposer aux rancunes et aux haines d'un parti ? Mais cela même, Monsieur, ne vous a pas suffi : vous avez cherché à me diffamer. Je passerai vite sur les accusations de votre journal ; je ne pense pas qu'elles aient fait à ma réputation de bien profondes blessures.

« J'aurais, selon vous, soulevé de nouveau la question des Frères. Il ne vous souvient donc plus, Monsieur, de la conférence donnée à l'école laïque, le 6 janvier, et reproduite presque *in-extenso* dans votre numéro du 13 ?

« J'aurais ainsi fait appel à l'opinion, en vue des élections et dans l'espérance d'avoir « un conseil à mon image et à ma dé« votion, un maire qui se fasse mon valet. » Je ne suis pas assez oublieux de mes devoirs de pasteur pour essayer de me jeter de la sorte dans les luttes électorales. Bapaume, du reste, compte encore, sans distinction de parti, des hommes intelligents qui ne sont pas de ceux que l'on mène, de ceux qui se font les valets d'un maître quelconque. Il faudrait ne pas les connaître, pour y même songer. Et les électeurs sont, pour la plupart, des hommes libres et indépendants qui savent se déterminer eux-mêmes.

« La discorde existe dans certaines familles, ajoutez-vous ; des amis intimes sont brouillés ; les dissentiments politiques sont devenus de véritables haines — Permettez-moi de vous demander si cet état de choses existait, il y a quatre ans. Bapaume, il y a quatre ans, n'avait pas de journaux politiques ; Bapaume vivait en paix depuis un siècle, ayant l'école communale de ses bons Frères. La *Gazette* est venue pour l'attaque ; le *Cantonal* a cru devoir se transformer pour la défense. En vertu d'un mot d'ordre, dont vous avez le secret, l'école laïque a été fondée ; l'école des Frères est menacée de disparaître ; la paix n'existe plus. Où sont les fauteurs de discorde ? Je le demande à tout homme impartial.

« Il vous paraît aussi que « les pauvres ont en moi un maître impérieux dont ils souhaitent d'être bientôt délivrés. » — Et comment, Monsieur, pourrais-je être le maître impérieux de cette partie de la population — à laquelle mes sentiments les plus intimes m'attachent de plus près — depuis que je ne fais plus partie du bureau de bienfaisance ni de l'administration de l'hospice ?

« Dans votre numéro du 24, vous paraissez attendre de moi les preuves, établissant que je ne suis pas l'auteur des articles que vous incriminez. Ces preuves, je les ai ; je les tiens de l'auteur véritable et du gérant du *Cantonal;* je pourrais vous les fournir. Mais n'intervertissons pas les rôles à ce point, Monsieur. C'est à vous, qui affirmez et accusez, c'est à vous qu'il appartient de prouver. Faites donc la preuve, Monsieur, et, si vous y réussissez, je m'engage à verser la somme de mille francs au bureau de bienfaisance de la ville.

« Au reste, je pense que ma déclaration vous suffira. Sans attendre de vous l'expression d'un regret, j'aime à croire que vous ne douterez pas de ma parole.

« Non, quoi qu'en dise votre journal, je n'ai point oublié les promesses de mon jour d'arrivée ; ma seule ambition est de n'avoir ici qu'un drapeau ; ce drapeau de la religion, vous m'autoriserez bien à le défendre avec les armes que mon ministère me permet d'employer.

« Vous pouvez vous donner la mission de bannir de Bapaume l'éducation chrétienne, que tout catholique est obligé de donner à ses enfants ; j'ai, moi, le devoir de défendre cette cause sacrée, et de faire respecter tous les droits que m'ont légués mes prédécesseurs. Je le ferais publiquement, Monsieur, s'il en était besoin ; mais je combattrais à visage découvert, comme il convient à mon caractère ; et, je veux l'espérer, les habitants de Bapaume, que l'esprit de parti n'aveugle point, approuveraient ma conduite et s'uniraient à mes efforts.

« Vous voudrez bien, Monsieur, vous souvenir de l'article 13 de la loi du 20 juillet 1881, et insérer cette lettre dans votre plus prochain numéro.

« Bapaume, le 26 février 1884. »

II

Cependant, les élections municipales eurent lieu et les habitants de Bapaume, ne voulant pas continuer leur mandat à ceux qui faisaient si bon marché, et de l'éducation chrétienne de l'enfance, et des intérêts de la caisse municipale, se choisirent d'autres représentants. Naturellement, les évincés ne furent pas contents : ils essayèrent, cette fois encore, de faire sentir à M. le doyen le poids de leur ressentiment.

Les élections furent contestées, en partie, et une protestation fut adressée à la préfecture ; elle formulait à l'adresse de M. Dollé les griefs suivants :

« L'élection de ces messieurs est viciée *en ce sens* — c'est sans doute *parce que* qu'il faudrait lire — qu'ils étaient portés sur la liste patronnée par M. Pierre Dollé, curé-doyen de Bapaume, et que celui-ci a réuni à l'hospice, dans une salle particulière, les pensionnaires dudit hospice, le dimanche 11 mai, après la messe ;

« Qu'il leur a déclaré, aprés leur avoir fait un sermon, que s'ils votaient pour la liste en tête de laquelle se trouvait M. Saudemonl, il leur donnerait dans l'après-midi à chacun un paquet de tabac ;

« Que M. Dollé a en effet, remis aux pensionnaires les dons promis...... »

Or, il résulte d'une protestation publiée par M. le doyen, d'une enquête provoquée par lui et faite par MM. Serré et Guibet, médecins de l'hospice, d'une déclaration des vieillards mis en cause :

« Que M. Dollé n'a patronné aucune liste, sa qualité de curé-
« doyen et les bons rapports qu'il tenait à conserver avec tous
« ses concitoyens lui imposant le devoir de ne pas manifester
« ses préférences personnelles ;

« Qu'il n'a pas réuni les pensionnaires de l'hospice dans
« une salle particulière, le dimanche 11 mai, après la messe ;

« Qu'il ne leur a fait ni sermon, ni promesse, et ne leur a
« remis aucun bulletin de vote. »

Voici à quoi s'était bornée l'intervention de M. le doyen :

Se trouvant à l'hospice, le samedi 10 mai, vers cinq heures, comme il arrivait tous les samedis, pour l'exercice de son ministère, il avait rappelé aux vieillards qu'à diverses reprises les élections avaient été pour eux l'occasion de quelque désordre : on les avait attirés en leur offrant à boire, on s'était emparé de leurs bulletins, on y avait écrit des inconvenances ou des grossièretés, on avait raturé des noms, substitué des bulletins, enfin porté atteinte à liberté de leur vote.

M. le doyen, pour éviter ces désordres, les invita à choisir eux-mêmes leur bulletin de vote en toute liberté et à le porter directement à l'Hôtel-de-Ville ; deux ou trois d'entre eux lui ayant demandé pour qui il fallait voter, il leur répondit expressément, par une réserve selon nous excessive, que c'était leur affaire et qu'ils devaient consulter leur conscience.

Le lendemain, dimanche, M. le doyen se retrouvait à l'hospice vers cinq heures, comme son ministère l'y appelait tous les dimanches : c'était après le vote des pensionnaires et avant le dépouillement du scrutin. Il avait l'habitude de faire une distribution de secours ; on lui rappela qu'il était en retard. Alors, empruntant aux sœurs ce qui lui était nécessaire, — preuve que cet acte de générosité n'était ni l'accomplissement d'une promesse, ni la récompense d'un vote recommandé, — il fit à toutes les personnes qui se trouvaient à l'hospice, aux malades comme aux vieillards, aux femmes comme aux hommes, sa distribution ordinaire, un paquet de tabac et vingt-cinq centimes aux fumeurs, soixante-quinze centimes aux autres. Rien que de très correct en tout cela et il fallait passablement de mauvaise foi pour y trouver à reprendre.

M. le doyen, fort de son droit, voulut, puisqu'il était un des principaux accusés, assister aux débats de l'affaire devant le conseil de préfecture. Sa présence déplut au commissaire du gouvernement, tout étonné, sans doute, de rencontrer un prêtre décidé à ne pas se laisser condamner sans mot dire ; elle déplut davantage au préfet et à d'autres encore. Pour M. Dollé, ce lui fut une vraie jouissance d'assister au tournoi oratoire auquel se livrèrent les avocats les plus distingués du barreau d'Arras ; pour la majeure partie des habitants de Bapaume, ce fut un vrai triomphe de voir l'accusation tomber sous la risée publique et la vérité éclater resplendissante. Les élections furent validées ;

il n'en pouvait être autrement. Seulement, le rédacteur des *considérants* du jugement s'accorda la satisfaction de dire que M. le doyen, « en faisant ses libéralités le jour même des élec- « tions, aurait dû ne pas se dissimuler qu'elles *pourraient* être « blâmées, et qu'elles étaient de nature, autant à déconsidérer « son ministère qu'à faire suspecter son impartialité... »

Rassurons ce scribe : le ministère de M. le doyen ne sortit déconsidéré, ni des débats du procès, ni des insinuations des juges. Cela dit, il ne nous en coûte nullement de reconnaître que M. Dollé eut un tort : ce fut d'oublier que si, sous le présent régime, on peut impunément se permettre le mal et inventer des accusations calomnieuses, il faut y regarder à deux fois, quand on veut faire le bien et accorder quelques douceurs aux déshérités de la fortune.

A la suite des élections, les intérêts de la Ville, et particulièrement de l'enfance, étaient remis en de meilleures mains. C'était heureux, parce que le moment des grandes luttes était arrivé ; elles allaient commencer au sujet de la salle d'asile.

Par une lettre du 29 janvier 1884, M. le préfet du Pas-de-Calais avait *invité* le Conseil municipal de Bapaume « à prendre une délibération tendant à faire conférer le TITRE OFFICIEL *d'École maternelle* à l'ancienne *Salle d'asile.* »

Remplacer l'ancien titre de *Salle d'asile* par le titre nouveau *d'École maternelle* n'avait aucune importance ; aussi le 7 février, le Conseil municipal, « déférant au désir exprimé par le « gouvernement, décida que la Salle d'asile publique de la ville « prendrait à l'avenir le titre : *d'École maternelle.* »

M. le préfet ne fut pas satisfait, car le nom donné à l'école lui importait aussi peu qu'au Conseil municipal ; ce qu'il voulait, c'était *le titre officiel*, en d'autres termes, la *reconnaissance légale*, moyen d'arriver à la laïcisation. Il en avisa le Conseil municipal, mais il vit rejeter ses propositions par une délibération du 26 juin 1884 ; à défaut d'autres, les intérêts financiers de la ville faisaient à ses représentants une obligation d'agir ainsi, car la laïcisation de l'asile devait occasionner une dépense annuelle de 1,500 à 2,000 francs.

M. le doyen applaudit à la fermeté du Conseil municipal ;

mais les démarches réitérées de la Préfecture ne le laissaient pas sans inquiétude pour l'avenir. Aussi favorisa-t-il l'ouverture de deux écoles maternelles libres, l'une tenue par Mlle Voisin, l'autre par les religieuses Augustines. C'est à cette époque qu'il consacra son temps, son intelligence et son activité à l'organisation de l'asile Saint-Augustin. Il voulait, en faisant diminuer le nombre des enfants qui fréquenteraient l'asile communal, enlever tout prétexte à l'introduction d'une sous-directrice ou d'une adjointe, parce que cette nomination était le seul moyen *légal* d'arriver à la laïcisation.

La précaution était bonne et obtint un plein succès. Quand, le 12 mars 1886, M. le préfet invita le Conseil municipal de Bapaume, à reprendre l'affaire de la *reconnaissance légale* de l'école maternelle et à donner suite aux modifications demandées par le Conseil départemental de l'instruction publique, on put lui répondre :

« Que, depuis 1884, deux écoles maternelles libres avaient été ouvertes à Bapaume ;

« Que, de ce fait, et par suite d'une épidémie de rougeole qui avait sévi en 1885, le nombre des enfants fréquentant l'asile communal était descendu de 175 à 110 environ ;

« Que, partant, il n'y avait pas lieu de créer un nouvel emploi de sous-directrice, alors que le nombre des enfants avait diminué d'un tiers. »

A des instances réitérées, le Conseil opposa de persistants refus, et, au début de l'année 1887, M. le doyen goûta la grande satisfaction de voir l'administration municipale traiter avec les Filles de la Charité et leur confier, pour neuf ans, la direction de la Salle d'asile communale, ouverte aux enfants de la classe la moins aisée et non pas la moins digne d'intérêt.

III

La situation des écoles proprement dites était plus précaire ; M. Dollé l'exposait ainsi au mois de février 1887 :

« Hélas ! il faut bien nous mettre en face de la triste réalité. La dernière loi du 30 octobre enlève aux municipalités toute autorité sur leurs écoles, et les administrations supérieures peuvent prendre, à l'improviste et sans consulter, leurs arrêtés de laïcisation. Et si cette loi autorise, jusqu'en octobre prochain, la nomination d'instituteurs et d'institutrices congréganistes, il est bon de remarquer qu'elle ne l'exige pas. Cette nomination dépend de la seule volonté de M. l'inspecteur d'Académie et de celle de M. le préfet. »

Or, les difficultés diverses que l'on suscitait, depuis trois mois, aux écoles communales congréganistes, paraissaient à M. le doyen le prélude d'une prochaine laïcisation.

Voici, en effet, ce qui se passait à l'école communale, tenue par les Filles de la Charité :

L'une des maîtresses était tombée gravement malade, et le médecin avait dû lui interdire la classe. La remplaçante, que lui donnèrent ses supérieures, fut rejetée par l'administration académique,sous ce singulier prétexte qu'un vice de forme ôtait toute valeur à son brevet, délivré pourtant par l'État et rédigé par un scribe à sa solde.

Une seconde remplaçante fut envoyée, et, quand elle se présenta, on lui demanda la démission de l'institutrice à laquelle elle voulait se substituer; affaire de gagner du temps.

Quand elle apporta la démission de la malade, ce fut son propre dossier qu'on réclama.

Quand on tint le bienheureux dossier — le dossier d'une Fille de la Charité ! — on l'enserra au fond d'un tiroir pour lui faire dormir un sommeil de quelques mois.

Ces exigences et ce sans-gêne d'une bureaucratie méprisable menaient l'affaire, d'octobre 1886 à la fin de janvier 1887 : le 31 janvier, M. l'inspecteur d'Académie acceptait la démission de la maîtresse malade, mais ne pourvoyait pas encore à son remplacement.

Avec février, la scène change. Avisé que la *directrice* de l'École, empêchée par le fâcheux état de sa santé, ne pouvait suppléer la maîtresse malade, l'inspecteur se hâte de déclarer :

« Qu'il ne nommera pas d'adjointe en remplacement de la religieuse démissionnaire ;

« Qu'il enverra une suppléante à la directrice,—laquelle n'en réclamait pas et n'en avait pas besoin, puisqu'elle n'avait été nommée directrice, par l'autorité académique elle-même, qu'à la condition de ne pas faire la classe;

« Que cette suppléante sera une laïque !... »

Et, de fait, sans perdre de temps cette fois, le 1er février, arrivait une institutrice *laïque*, munie de lettres qui la déclaraient *directrice* de l'école communale des filles, comprenant trois classes, et mettaient, par conséquent, sous sa dépendance immédiate, les deux religieuses faisant la classe.

On connaissait à la préfecture la décision prise par les congrégations religieuses : la nomination d'une *directrice* laïque dans une école congréganiste entraîne ordinairement le rappel des Sœurs. Cette fois, il y eut déception, car les Filles de la Charité furent autorisées par leurs supérieurs, sur la demande de M. le doyen, à tenir bon malgré tout, et elles poussèrent le courage, il faudrait peut-être dire l'héroïsme, jusqu'à s'incliner, elles, leur glorieux habit, leur expérience acquise, leur vie d'abnégation, de dévouement et de sainteté, devant les vingt ans d'une jeune fille n'offrant d'autre garantie que les chances d'un examen et l'estampille d'un inspecteur!...

Les plans de l'Académie étaient déjoués, si bien qu'avant la fin de février, la directrice suppléante, la laïque de vingt ans, pliait bagage et recevait *une autre destination!...*

Il n'en fallait pas moins s'attendre à une prochaine laïcisation et il était pressant de s'y préparer par la création d'écoles libres. Il y avait tout intérêt pour la ville et tout avantage pour les enfants et leurs parents, à devancer les mesures administratives. « Car — écrivait M. le doyen dans un mémoire confidentiel — si l'on n'y prend garde, et si la laïcisation arrive avant que les écoles libres n'aient leurs élèves, il en résultera pour la ville des charges considérables : l'autorité académique prendra les écoles communales dans l'état florissant auquel les ont amenées les instituteurs congréganistes et remplacera chacun des maîtres par un maître laïque ; il en résultera que la caisse municipale aura à supporter tous les frais de traitement, de logement et autres, de quatre adjoints pour les garçons, d'une directrice et de deux adjointes pour les filles. Ce personnel, une fois régulièrement installé, pourra rester longtemps en place, même si les élèves font défaut ; et cela s'est vu en plusieurs endroits où les écoles libres ont été établies tardivement. Si, au contraire, l'on arrive à ouvrir des écoles libres avant la laïcisation, il ne restera guère qu'une quarantaine d'élèves de chaque sexe pour les écoles laïques, et, dans ce cas, il suffirait d'un seul maitre et d'une seule maitresse ; et il résulterait une véritable économie des deniers publics. »

Pour établir ces écoles *libres*, il fallait d'abord un local. Or, M. le doyen ne pensait à rien moins qu'à utiliser les bâtiments qui servaient aux écoles *communales*, et voici comment il s'y prenait :

Dans un rapport imprimé, et adressé à MM. les membres de l'administration de l'hospice et du conseil municipal, sur les fondations pieuses faites à Bapaume pour des écoles chrétiennes, il prouve, par l'examen des titres et par une discussion juridique empruntée à divers jurisconsultes :

« Premièrement, que les bâtiments dans lesquels sont installés les écoles communales, et les biens, meubles ou immeubles, affectés à leur entretien, appartiennent, non pas à la ville de Bapaume, mais à la Bourse des Pauvres ; secondement, qu'ils ont été donnés à charge de procurer aux enfants de la ville une *instruction chrétienne.*

« L'hospice, qui détient et administre ces biens, est donc obligé a entretenir, comme du reste il l'a fait depuis 1652, des écoles chrétiennes dans lesquelles on devra, avant tout, apprendre aux enfants *le catéchisme, le respect de Dieu, la pratique de la religion.*

« D'autre part, les lois nouvelles mettent la commune dans la nécessité d'avoir des écoles laïques, d'où *le catéchisme est banni comme est banni tout mauvais livre*, où le nom de Dieu, le Dieu de la religion catholique, ne peut même pas être prononcé avec les marques du respect qui lui est dû.

« L'hospice, en vertu des fondations, la commune, en vertu des lois, se trouvent donc condamnés à une séparation absolue en ce qui touche les écoles.

« De là il résulte que, le lendemain du jour où il aura plu aux administrations supérieures de prendre leurs arrêtés de laïcisation, la commune devra posséder et entretenir ses écoles à elle, qui seront laïques.

« Et l'hospice, usant de ses droits et de la liberté qui lui est laissée, devra continuer d'employer, conformément à la volonté de ses donateurs, les immeubles et les revenus qu'il possède « à charge d'instruction chrétienne. »

M. le doyen conclut ainsi :

« Nous nous permettons donc d'espérer, que MM. les administrateurs de l'Hospice daigneront prendre, et que MM. les membres du Conseil municipal voudront bien approuver et soutenir une délibération, décidant :

« Que les immeubles qui ont toujours servi, conformément à la volonté de leurs donateurs, pour l'école des Frères et pour les classes primaires des filles, doivent, à perpétuité, abriter des écoles chrétiennes ;

« Qu'il ne doit être payé, à chacune des Filles de la Charité faisant la classe, qu'une somme annuelle de 150 francs, selon ce qui a été fait jusqu'en 1882 ; l'Hospice restant chargé des autres frais, ayant pour couvrir ces autres frais les revenus des biens, meubles et immeubles, ci-dessus mentionnés et donnés à cet effet ;

« Que l'Hospice ne voulant, d'une part, distraire du patrimoine des pauvres rien de ce qui a été adjoint à ce patrimoine, depuis le commencement du siècle, par les anciens administrateurs ; ne pouvant plus, d'autre part, vu la loi du 30 octobre 1886, s'entendre avec la ville pour l'entretien des écoles chrétiennes, à l'occasion desquelles divers dons et legs lui ont été faits; est disposé à s'entendre avec tout particulier ou toute Société présentant les garanties désirables, qui offrirait de subvenir à ce qui pourrait manquer à l'entretien des susdites écoles, et cela, sous une forme et pour un laps de temps, qui seraient ultérieurement déterminés. »

Tel est le projet dont M. le doyen poursuivait la réalisation par la brochure des *Fondations pieuses* (1) qui dut lui coûter tant

(1) 1887. — Imp. Alex. Duval.

de recherches, de temps et de travail. Nous achèverons de connaitre ses vues et sa générosité par un passage du Mémoire confidentiel auquel nous avons déjà fait quelques emprunts :

« Les délibérations, que prendraient l'administration de l'Hospice et le Conseil municipal, devront être envoyées au préfet. Si elles sont favorables, il faudra peut-être même qu'elles aillent jusqu'au ministre et au Conseil d'État. Obligé de défendre les fondations pieuses, j'accepte de payer tous les frais de la procédure.

« Si l'Hospice obtient gain de cause et qu'il consente à traiter pour l'école des filles, les ressources, dont je puis actuellement disposer, me permettent de faire un contrat pour neuf ans, et d'assumer seul, aidé de nos Sœurs de Charité, tout l'appoint nécessaire au fonctionnement de ces écoles de filles. Je puis offrir toutes les garanties désirables. »

Cependant, M. le préfet continuait de tracasser les Filles de la Charité, et son inspecteur refusait la nomination d'une adjointe *titulaire*, en remplacement de la religieuse malade et démissionnaire ; il voulait par là gagner octobre 1887 et procéder à la laïcisation vers cette époque. Suivant le plan combiné par M. le doyen, les Filles de la Charité prévinrent le coup et donnèrent leur démission à la fin de l'année scolaire 1886-1887.

La commission administrative de l'Hospice, s'inspirant des principes exposés dans la brochure des *Fondations pieuses*, déclara que, « par suite des fondations qui lui ont été faites, elle se trouvait dans la nécessité de reprendre possession immédiate des bâtiments, précédemment mis à la disposition de la ville et de l'Académie, pour y maintenir l'école dirigée par les Filles de la Charité et l'ouvroir y annexé. »

Le Conseil municipal, de son côté, s'inclina devant le droit ; et, pour faciliter la prompte ouverture d'une école laïque de filles, selon les prescriptions de la loi, autant que pour éviter à la ville de nouvelles dépenses inutiles, il songea à utiliser un local, acheté à grand prix en d'autres temps, et resté, en grande partie, sans emploi, l'ancienne maison de M. Decauquy.

Ce n'était pas ainsi que l'entendait M. le préfet ; il envoya

M. l'inspecteur David à Bapaume, avec mission d'introduire subrepticement les nouvelles institutrices laïques dans la propriété de l'Hospice et de les y installer; mais l'entreprise échoua, et l'inspecteur en fut pour une démarche ridicule.

De son côté, l'administration de l'Hospice, pour se conformer aux intentions des fondateurs et bienfaiteurs, conclut avec les Filles de la Charité un traité qui leur concédait gratuite et libre disposition des anciennes classes; il semble donc qu'elles n'avaient qu'à entrer en jouissance; mais, admirez la bureaucratie! M. le préfet n'approuve pas, et les religieuses restent à la porte d'un local que leur abandonne le légitime propriétaire, et l'administration de l'Hospice ne peut remplir les dernières volontés de ses bienfaiteurs, pourtant sacrées chez tous les peuples civilisés.

Ces procédés n'étaient pas faits pour étonner M. le doyen, ni pour le surprendre à l'improviste. Dès le mois de juin 1887, il avait loué, et approprié à ses frais, une maison située en face de l'hospice; il y installa l'école libre des filles : « Quand je n'aurai plus rien, disait-il en cette occasion, j'irai tendre la main, et demander aux personnes charitables ce qui m'est nécessaire pour conserver à mes enfants le trésor de la foi. »

IV

Il semblerait qu'on pût être sans inquiétude au sujet de l'école des Frères, puisqu'il existait déjà à Bapaume une école laïque. Pourtant M. le doyen n'était pas rassuré et, dans son mémoire confidentiel, il fait remarquer que le décret de laïcisation de cette école peut être envoyé soudainement et immédiatement appliqué. C'est ainsi que les choses se passeront, en effet, mais après quelques préludes, précurseurs de l'orage.

Le 2 octobre 1887, M. le préfet avait échoué piteusement dans sa tentative d'installer ses institutrices laïques à l'hospice; le 4 octobre de la même année, il exerçait sa vengeance en « invitant le Conseil municipal à délibérer sur la suppression de l'une des deux écoles de garçons de Bapaume. »

Le Conseil municipal essaya de faire entendre le langage de

la raison ; mais que vaut la raison devant le parti pris? Voici donc en substance ce qu'il disait :

« Il y avait à Bapaume, depuis plus d'un siècle, une école de garçons, tenue par les Frères de la Doctrine chrétienne.

« En 1882, il plaisait à M. le préfet du Pas-de-Calais d'inviter, d'une façon pressante, la ville de Bapaume à créer une seconde école de garçons, dirigée par des laïques.

« Pourquoi plaît-il à M. le préfet, en 1887, d'inviter le Conseil municipal à délibérer sur la suppression de l'une de ces deux écoles ?

« S'est-il donc passé, de 1882 à 1887, un fait quelconque qui soit venu modifier la population scolaire masculine ? Non ; la situation scolaire est la même aujourd'hui qu'en 1882.

« Les motifs pour lesquels on a créé une seconde école ont-ils donc cessé d'exister ? Nullement ; il est facile de s'en convaincre.

« En 1882, M. le préfet disait à M. le maire : Fondez une école dirigée par des laïques ; elle entretiendra une émulation qui profitera aux élèves et aux maîtres.

« L'émulation, estimée chose bonne en 1882, est-elle devenue chose fâcheuse en 1887 ?

« En 1882, le Conseil municipal d'alors ajoutait aux raisons données par le gouvernement un motif, selon lui, décisif : Il faut donner aux pères de famille la liberté de choisir pour leurs enfants, entre l'enseignement laïque et l'enseignement congréganiste.

« Cette liberté, bonne en 1882, alors qu'elle devait profiter à ceux qui réclamaient l'enseignement laïque, est-elle devenue mauvaise en 1887, alors qu'elle est mise à profit par les partisans de l'enseignement congréganiste ?

« La ville ne peut songer à supprimer l'école laïque, quoiqu'elle soit la dernière établie et de beaucoup la moins fréquentée, puisque la loi du 30 octobre 1886 rend obligatoire l'enseignement laïque.

« Quant à l'école des Frères, elle a pour elle la priorité, puisqu'elle date d'un siècle, et la préférence des familles, puisqu'elle est actuellement fréquentée par cent quarante élèves.

Pendant quatre ans encore, la loi permet de conserver dans les écoles *communales* des maîtres congréganistes ; il faut profiter de ce reste de tolérance. »

Au vote émis par le Conseil municipal pour réclamer le maintien des deux écoles de garçons, ministre et préfet répondirent par la suppression de l'école des Frères, comme école *communale*. Ce bel exploit marqua la fin de l'année 1887.

Alors le Conseil municipal de Bapaume eut à répondre à des sollicitations, venues de côtés différents et présentant des caractères tout opposés.

M. le supérieur général de l'Institut des Frères offrait de continuer l'exécution du « contrat intervenu entre les administrateurs des Biens des Pauvres et son Institut, à la date du 17 avril 1776, au sujet de la direction de l'école, destinée à assurer l'exécution des fondations provenant des Pères Jésuites. »

D'autre part, M. l'inspecteur David proposait tout simplement, en homme qui ne doute de rien, d'installer l'école laïque des garçons dans le bâtiment de l'école des Frères.

M. le maire réunit d'abord l'administration de l'hospice, et c'était à bon droit, puisque c'était elle qui revendiquait la propriété de l'école des Frères. Après examen approfondi de ses titres, cette administration affirma de nouveau ses droits, et écarta la proposition de M. l'inspecteur David. Sur ce premier point, il y eut unanimité.

Mais la commission se divisa au sujet de l'offre faite par M. le supérieur général de l'Institut des Frères. Trois membres se prononcèrent pour le maintien du contrat ; trois membres se montrèrent défavorables à la proposition. C'est grâce à la voix de M. le président, prépondérante en cas de partage, que « la commission de l'hospice de Bapaume décida de maintenir l'exécution du contrat, passé, le 17 avril 1776, par ses prédécesseurs avec l'Institut des Frères des Écoles chrétiennes, sauf par l'Institut à remplir les formalités qu'exige la nouvelle législation sur l'enseignement primaire. »

De son côté, « le Conseil municipal reconnut que le bâtiment de l'école des Frères, provenant des Jésuites, est la propriété de l'hospice et ne s'opposa pas à la reprise de possession. Comme la commission de l'hospice, il émit l'avis qu'il y avait lieu de maintenir l'exécution du contrat passé, le 17 avril 1776, entre les administrateurs des Biens des Pauvres et l'Institut des Frères des Écoles chrétiennes. »

C'était la réalisation du vœu formulé par M. le doyen et préparé par la publication de son opuscule des *Fondations Pieuses*. Restait à assurer le fonctionnement de l'école libre. Or, c'est ce qui avait été prévu dans le mémoire confidentiel où nous lisons : « Pour ce qui regarde l'école des garçons, les supérieurs des Frères acceptent de faire un contrat et de fournir trois Frères au traitement total de 2,400 francs ; le collège leur adjoindrait deux maîtres pour lesquels la dépense serait de peu d'importance. Et si nous ne pouvons trouver en ville la somme nécessaire pour faire face à ces dépenses, j'apporterai un fort appoint, en acceptant de n'avoir plus qu'un vicaire, et en combinant le service religieux avec quelque prêtre du collège. » On le voit, M. le doyen, qui en était arrivé à ne pouvoir plus payer de sa bourse, se préparait à payer de sa personne, plus encore qu'il ne l'avait fait auparavant.

Du reste, il avait tout prévu, et le mémoire confidentiel finit par ses paroles : « L'administration de l'hospice et l'administration municipale auront sans doute à se mettre sur leurs gardes pour que les laïques n'entrent pas, malgré elles, dans les écoles congréganistes. Peut-être leur faudra-t-il pour cela beaucoup de prudence et une très grande fermeté. N'a-t-on pas affaire à mauvaise partie ? » Nous allons voir se réaliser ces sinistres prévisions.

Le 20 janvier 1888, M. le président de la Commission administrative de l'hospice recevait une lettre de M. le préfet « par laquelle il l'informe, qu'une protestation lui a été adressée contre la délibération, prise par la commission de l'hospice, le 2 janvier courant, au sujet du maintien d'une convention passée, en 1776, par les Mayeurs et Echevins de la ville avec l'Institut des Frères des Ecoles chrétiennes. Les auteurs de cette protestation demandent, que cette question soit soumise de nouveau à la délibération de la commission, complétée par l'adjonction d'un membre, nommé en remplacement de celui dont le mandat était expiré. »

Une délibération n'est pas nulle parce qu'il manque un membre à la commission qui la prend.

Une décision, prise même à une voix de majorité, engage l'avenir, eût-elle le malheur de déplaire à la minorité ; et c'est à un vote de ce genre, dit-on, que nous devons l'avantage, vraiment inappréciable, de vivre en république.

Mais rien de tout cela n'arrête M. le préfet du Pas-de-Calais, qui ne connaît d'autre loi que sa volonté.

Le résultat prévu de la nouvelle délibération, ce fut que la commission administrative de l'hospice *modifiée* renonçait à maintenir le contrat passé avec les Frères, pour la tenue d'une école à perpétuité.

M. le préfet ne pouvait pourtant pas encore chanter victoire. Ce vote, émis à 5 heures du soir, avait été précédé, à 10 heures du matin, d'un fait important et gros de conséquences. Le bureau de bienfaisance s'était réuni et avait contesté à l'hospice la propriété de l'école des Frères ; il s'était prétendu lui-même légitime et seul propriétaire, et avait immédiatement voté le maintien du traité conclu avec l'Institut du B. de la Salle. Or, voici ce qui l'avait déterminé à agir ainsi.

Il est hors de doute que les bâtiments, précédemment affectés aux écoles tenues par les Frères et les Sœurs, n'appartiennent pas à la ville de Bapaume. Ce point a été mis en pleine lumière par M. le doyen, dans son opuscule des *Fondations pieuses*.

Il est hors de doute également, que ces bâtiments appartiennent à ce que l'on désignait autrefois sous le nom de *Bourse des Pauvres*. La même brochure ne l'établit pas moins clairement.

Mais, quel est l'établissement, qui est aujourd'hui l'héritier légitime de la Bourse des Pauvres ? L'hospice, répondait l'opinion commune ; l'hospice, avait aussi répondu M. le doyen, pour se conformer à cette opinion ; mais il conservait quelque doute, et, depuis la publication de sa brochure, il avait demandé des éclaircissements aux hommes compétents et fait de nouvelles recherches.

La volte-face de la commission administrative de l'Hospice imposait le devoir de faire connaître le résultat de ces nouvelles études et de publier la vérité tout entière : un membre du bureau de bienfaisance s'en chargea.

D'après les lettres patentes du 28 octobre 1775, les biens provenant des Jésuites — c'est le cas de l'école des Frères — ont été réunis à ceux des pauvres. Or, c'est au Bureau de bienfaisance qu'il appartient, aux termes de la loi (1), de régir et administrer les biens et fondations qui, à un titre quelconque, représentent l'intérêt général des pauvres ; il n'y a d'exception que pour les biens, qui sont destinés au soulagement des malades ou à l'entretien des lits de vieillards ou d'infirmes.

Si, dans l'espèce, c'est l'administration de l'Hospice qui a réclamé l'école des Frères au moment de la Révolution, alors que l'État en avait pris possession pour un hôpital militaire ; si c'est à l'administration de l'Hospice que ce bâtiment a été remis à cette époque ; si c'est cette même administration, qui a passé les baux et fait les actes de cette nature, cela provient de ce que, depuis la Révolution jusqu'en 1841, l'administration des biens des pauvres et des hospices était réunie entre les mains d'une seule et même commission, qui s'appelait tantôt *Commission des pauvres et des hospices*, tantôt *Bureau de bienfaisance ou d'hospice;* mais cette réunion ne pouvait abolir la propriété de l'un des établissements en faveur de l'autre.

C'est donc le Bureau de bienfaisance qui est propriétaire de l'école des Frères. Aussi ses membres décident-ils à l'unanimité « de reprendre possession de ce bâtiment et de s'opposer formellement à ce que la commune y installe une école laïque, ce qui serait une violation formelle de la volonté et des intentions des fondateurs ; de plus, ils entendent maintenir et exécuter le contrat passé par-devant Me Doudeau, notaire à Bapaume, le 17 avril 1776, entre les représentants des pauvres et de l'Institut des Frères des Écoles chrétiennes, pour la tenue *à perpétuité* d'une école gratuite à Bapaume. »

(1) Décret du 12 juillet 1807 ; instruction ministérielle du 8 février 1823.

La délibération prit le chemin de la préfecture, accompagnée d'une pétition, signée de plus de six cents habitants de Bapaume et demandant le respect de la justice.

M. le préfet mit la pétition au panier et daigna écrire à M. le maire, qu'il tenait pour non avenue la délibération du Bureau de bienfaisance, parce qu'on ne faisait pas la preuve des faits allégués.

M. le maire avertit immédiatement M. le préfet que, pour répondre à son objection, il adressait de suite une demande de consultation à un avocat à la Cour d'appel de Douai, et qu'il lui enverrait copie de cette consultation, avec les pièces établissant la propriété du Bureau de bienfaisance.

Cette offre ne pouvait plaire à M. le préfet; au lieu de lui faire bon accueil, après l'avoir provoquée, il y répondit par l'annulation immédiate de la délibération du Bureau de bienfaisance.

Ces procédés, pour être brutaux, n'en étaient pas plus justes; car, Me de Beaulieu, avocat à la Cour d'appel de Douai, établit, de la manière la plus nette et la plus catégorique, que le bâtiment, servant d'école aux Frères et provenant des Jésuites, appartient non à l'Hospice, mais au Bureau de bienfaisance de Bapaume.

« Il en est propriétaire, dit le docte avocat, d'après les termes comme d'après l'esprit des actes anciens, que j'ai examinés et que je vais discuter.

« Il n'a jamais renoncé à cette propriété et il n'aurait d'ailleurs eu aucune qualité pour y renoncer.

« Aucune prescription n'a été acquise contre lui.

« Il a donc toujours conservé cette propriété, et il me paraît impossible, qu'on puisse utilement argumenter contre lui d'une possession mêlée et promiscuë, — j'emploie l'expression de la loi — absolument équivoque et précaire, qui n'a pu créer aucun droit à l'encontre du Bureau de bienfaisance.

« J'ajoute qu'en principe les bureaux de bienfaisance sont les seuls représentants légaux des pauvres ;

« Que, seuls, ils ont, en principe, qualité pour administrer les biens affectés, *à quelque titre que ce soit,* au soulagement de la classe indigente ;

« Que notamment, à moins d'une affectation spéciale des biens donnés au soulagement des malades, à moins que les biens n'aient été *hospitalisés*, les hospices, établissements spéciaux consacrés par la loi à une catégorie spéciale de malheureux, n'ont aucun droit à l'encontre du Bureau de bienfaisance, qui a reçu de la loi tous les pouvoirs et attributions nécessaires pour gérer et administrer les biens et revenus des anciennes *Pauvretés et Charités*, et ce, à l'exclusion des hospices.

« J'estime que, régulièrement, la remise du bâtiment, où se tenait l'école communale des Frères, ne peut être faite qu'au Bureau de bienfaisance, et que, en faisant cette remise aux hospices, l'administration municipale pourrait engager sa responsabilité. »

Appuyé sur le droit, M. le maire de Bapaume tenait bon, et il opposa un nouveau refus à M. le préfet, quand, par une lettre en date du 1er février 1888, il fut invité à mettre le bâtiment, servant d'école aux Frères, à la disposition de M. David, inspecteur primaire, pour y installer l'école laïque, le vendredi 3 février.

On sait le reste. M. l'inspecteur remit aussitôt à M. le maire un arrêté, rédigé à l'avance, et déléguant M. Gaudefroy, conseiller municipal, pour le remplacer dans cette opération.

M., Gaudefroy, lui, ne sut-il pas lire l'arrêté préfectoral « lequel, déclare le tribunal civil d'Arras, s'était borné à lui donner la mission de procéder, *par la voie légale*, à l'installation des instituteurs laïques ; » en était-il à ignorer « qu'aucune disposition de la loi, dit le même tribunal, n'autorise le maire d'une commune à s'emparer de vive force d'un immeuble occupé par un tiers? » toujours est-il qu'accompagné de M. David, il se rendit à l'école des Frères et la trouva fermée. Sur le refus d'ouvrir formulé par le Frère Directeur, il fit appel au serrurier Manneville et à Sellier, son aide, qui « forcèrent les serrures et brisèrent les portes d'entrée » sous les regards indignés de quelques Bapalmois accourus, malgré toutes les mesures prises pour éviter une manifestation favorable au bon droit et à l'Institut des Frères.

L'attentat était consommé ; les instituteurs laïques prenaient possession d'une propriété, que la loi comme la justice attribuait à autrui ; MM. Gaudefroy et David se retiraient, flétris par la conscience publique avec leurs instigateurs, avant de l'être par la sentence des tribunaux (1), qui prononceront que « le 3 février 1888, l'Institut des Frères était en possession paisible et publique d'un immeuble et qu'il en a été dépossédé par violence et voies de fait. »

M. le doyen avait suivi de son lit, où le retenait la maladie, toutes les phases de ce brigandage ; avec quel déchirement de cœur et quel détriment pour sa santé, on peut le conjecturer quand on a connu sa sensibilité. D'instant en instant, on lui apportait le récit de ce qui se passait, et lui, conservant toute sa lucidité d'esprit et son énergie de caractère, indiquait les mesures à prendre. Les Frères se retirèrent dans les salles du patronage, pour y continuer leurs classes jusqu'au jour où justice leur serait rendue. Ce fut après la mort de M. le doyen, qui suivit de si près ces tristes jours. M. le baron de Warenghien, magistrat démissionnaire et avocat à la Cour d'appel de Douai, fut chargé, par le supérieur général des Frères, des intérêts de l'Institut : il les défendit avec un talent et un désintéressement au-dessus de tout éloge. D'accord avec ses commettants, il crut qu'il valait mieux plaider l'action en réintégrande, sauf à traiter ensuite la question de propriété. L'action en réintégrande fut intentée à la commune de Bapaume, parce que c'était en son nom que M. Gaudefroy avait installé violemment les instituteurs laïques à la place des Frères, et elle était de la compétence du juge de paix. Elle fut donc plaidée à Bapaume. Cela se passait le 20 avril 1888 ; mais le prononcé du jugement fut remis de huitaine en huitaine, et, à la fin de mai, le suppléant, faisant fonctions de juge de paix, pendant la vacance du siège, finit par se déclarer incompétent. Appel fut interjeté de cette sentence devant le tribunal civil d'Arras, et le 9 août, après une seconde et brillante plaidoirie de M. de Warenghien, le tribunal, infirmant la sentence du juge de paix, ordonna la réintégration des Frères dans leurs classes. Cette sentence reçut son exécu-

(1) Est-ce à ces titres nouveaux que M. Gaudefroy doit d'avoir reçu du président Carnot les palmes académiques ?

tion, par ministère d'huissier, au mois de septembre, avec les formalités d'usage et après les délais légaux.

Reste à dirimer la question de propriété, soulevée par le Bureau de bienfaisance; et il est on ne peut plus pressant de le faire.

§ XII. — La maladie et la mort.

M. Dollé était de constitution robuste, et pourtant sa santé fut de bonne heure ébranlée; cela tint à l'activité presque incessante de son esprit et à l'ardeur vraiment extraordinaire de son zèle.

Professeur au Petit Séminaire d'Arras, il entrait en classe à deux heures après midi, alors que le travail de la digestion n'était pas terminé; si la leçon présentait quelques difficultés ou n'était pas comprise de tous — et cela arrive inévitablement dans une classe nombreuse et pour les sciences mathématiques — il déployait toute l'activité de son intelligence et toute l'intensité de son attention, pour discerner le point resté obscur dans l'esprit de ses élèves et saisir la meilleure manière de le mettre en lumière; puis il apportait dans la démonstration les efforts de la voix et l'action du geste, et s'y donnait vraiment tout entier.

Quoi d'étonnant si le sang affluait à la tête, si le travail de l'estomac se trouvait ou ralenti ou entravé, si l'embarras ou l'affaiblissement de cet organe était le résultat ordinaire de la classe, si elle se terminait fréquemment par l'accablement et les douleurs d'une migraine?

Le ministère paroissial semblait devoir être plus favorable à la santé de M. Dollé, et il en eut sans doute retiré cet avantage, s'il l'avait exercé à la manière ordinaire. Mais, dès son arrivée à Monchy-Cayeux, en se livrant à des constructions ou à des réparations, il courut les chances de ces diverses entreprises et ressentit les rudes émotions qu'elles occasionnent; il connut les préoccupations, les embarras, les déceptions. La pensée d'une œuvre à concevoir, à entreprendre, à mener à bonne fin, ne le quittait nulle part, moins encore à table qu'ailleurs, parce qu'il avait l'occasion d'en parler; quand il s'y asseyait, souvent bien après l'heure fixée, c'était en pensant aux difficultés rencontrées et aux moyens de les surmonter, ou bien c'était absorbé par les contrariétés éprouvées et si vivement ressenties.

A Monchy comme au Séminaire, les fonctions de l'estomac furent bien souvent contrariées et les migraines restèrent assez fréquentes; de plus, survinrent quelques accidents, tels que bronchite aiguë et vomissement de sang, dus à l'excès de son zèle ou à la négligence de sa santé. De là, un affaiblissement général qui, bientôt, ne permit plus à M. Dollé de faire le service de Fleury qu'avec le secours d'une voiture; de là, les inquiétudes de sa famille et de ses amis, quand il courut les risques d'un changement de climat et se plia de nouveau aux exigences de la vie commune, à l'évêché de Luçon.

A Bapaume, la santé générale de M. Dollé parut d'abord meilleure : les migraines devenaient plus rares; on pouvait les prévoir, et souvent nous les avons entendu prédire à coup sûr. Elles venaient à la suite de préoccupations plus vives et plus prolongées, ou elles étaient la conséquence d'émotions plus poignantes, de plus grandes fatigues. Il y eut, au moment des grands travaux exécutés à la caserne et si rapidement menés à bonne fin, des heures de grande lassitude et presque d'épuisement; mais M. le doyen pouvait alors, grâce à ses vicaires, se procurer quelque repos. Que n'a-t-il consenti à le faire régulièrement ?

En 1882, il vint passer trois semaines à Calais, respirer l'air vivifiant de la mer et prendre des bains. Bien qu'il ne sût pas se décider à un repos complet et qu'il employât plusieurs heures de la journée à relever les comptes fastidieux des travaux exécutés au Collège, il repartit pourtant plein de vigueur, en se promettant de revenir. Mais, l'année suivante, quand l'amitié l'invita à se procurer de nouveau un repos réparateur, la fatigue était moins vivement ressentie, et c'en fut assez pour que M. le doyen se laissât retenir à Bapaume par des préoccupations d'écoles. Déjà il ne s'accordait plus de repos, et ce n'était pas sans peine que ses amis les plus intimes l'entraînaient parfois à faire une promenade de quelques instants aux abords de la ville. Pourtant la santé était à ce prix. On le vit bien lors de son voyage à Rome : il en supporta facilement les fatigues et ne souffrit pas du changement d'habitudes et de nourriture ; c'est qu'il avait seulement à jouir du spectacle des beautés semées sous ses pas et à goûter les douceurs de l'amitié. Ces instants devaient être trop courts ; encore se crut-il obligé de les abréger, par suite de la maladie d'une Fille de la Charité.

A ce travail obstiné et sans relâche, les forces de M. le doyen s'épuisèrent. Ce fut surtout à partir de l'année 1887 qu'il ressentit de plus vives douleurs d'estomac et une faiblesse toujours croissante. Aux approches de la fête de Pâques, il fit venir un religieux qui entendit les confessions en sa place ; il espérait que ce repos contribuerait à le remettre rapidement. Et, de fait, les ménagements qu'il consentait à prendre, les soins dont on l'entourait, auraient pu lui rendre un peu de cette vigueur, qu'il avait par tempérament et qu'un travail incessant avait prématurément usée ; malheureusement, il avait l'esprit sans cesse préoccupé par les questions d'école. Et comment n'en eût-il pas été ainsi ? M. le doyen attachait une si grande importance, et à si juste titre, à l'éducation chrétienne et à l'instruction religieuse ! Le Collège, pour les enfants des familles fortunées; l'école des Frères et des Sœurs, pour la classe populaire, voilà le plus ardent de ses vœux, le mobile de presque toutes ses entreprises à Bapaume, le but constant de tous ses efforts. Or, à cette époque, ces écoles étaient gravement menacées et, avec elles, la foi d'une grande partie de la population ; car, disait-il souvent, si la foi est restée vivante à Bapaume, c'est aux écoles des Frères et des Sœurs qu'on le doit ; si, aux approches de la mort, ceux-mêmes qui ont abandonné toute pratique religieuse reviennent si facilement au Dieu de leur enfance et de leur première communion, c'est au souvenir de l'enseignement qu'ils ont reçu chez les Frères, c'est presque toujours en rappelant qu'ils ont été leurs élèves.

M. le docteur Planque (1), de Saint-Pol, avait interdit tout travail et proscrit toute préoccupation. Inutile prescription. Ne se voyant pas obéi, il obligea son malade à quitter le théâtre de son zèle. M. Dollé partit après la Pentecôte, car c'est en cette fête que se fait la première communion, et il avait encore voulu

(1) M. Planque était un ami d'ancienne date et c'est à ce titre qu'il joignait bénévolement ses soins à ceux de M. le Dr Serré.

en dire la messe lui-même, en présider tous les exercices ; il se rendit à Ivergny, chez M. Fortier, son ancien vicaire. Là, il faisait de longues promenades dans les bois, reprenait de la nourriture, mangeait de bon appétit et sentait revenir ses forces. M. le docteur Planque, qui vint le voir plusieurs fois, était satisfait des progrès de cette convalescence et en augurait de bons résultats. Mais M. Dollé se laissa de nouveau entraîner par son zèle : le temps pressait, il n'y tint plus et revint, au commencement de juillet, après cinq semaines de repos, organiser l'école libre des Filles de la Charité.

A cette époque, il écrivait à l'un de ses amis : « Hélas ! oui, je suis entre les mains des médecins, et force m'est de me soigner ! Mon pauvre estomac est bien détraqué ; se remettra-t-il jamais ? Priez pour votre ami, afin qu'il sache au moins bien souffrir. » Et, malgré son triste état, il travaillait toujours. On arriva ainsi à la fête de Notre-Dame de Pitié ; la veille, il fut pris d'une crise terrible qui augmenta la faiblesse et fit sentir ses conséquences durant plus d'un mois. Puis, il se fit un revirement : l'école *libre* des Filles de la Charité, ouverte le 1er octobre, marchait très bien ; du côté des Frères, on croyait pouvoir se promettre encore quelques mois de tranquillité ; le malade reprit insensiblement ses forces ; il semblait même avoir triomphé du mal et mangeait comme peut-être il ne l'avait jamais fait. Il y eut bien un moment d'arrêt dans ces progrès réels, quand, à la fin de décembre 1887, le convalescent apprit qu'on retirait aux Frères le droit de faire la classe dans leur local ordinaire. Mais les choses furent si vite arrangées, grâce aux mesures prises à l'avance, et les classes libres si facilement organisées au Patronage, que M. Dollé put reprendre son régime. Dans le cours de 1887, il avait dit assez rarement la messe, plus souvent toutefois que ses forces ne le lui permettaient ; il la célébra le jour de l'Épiphanie 1888 et donna même le salut qui suivit les vêpres ; contre toute prévision, ce devait être pour la dernière fois.

Le malade allait bien, et, autour de lui, on se reprenait à espérer un rétablissement, sinon rapide et complet, du moins satisfaisant, quand se leva le jour à jamais néfaste du 3 février 1888, qui vit le crochetage de la maison des Frères. Cet attentat, perpétré par la force brutale à l'encontre de tout droit, lui causa la plus terrible secousse qu'il eût encore éprouvée ; il faut l'avoir vu écrasé sous l'émotion pour s'en faire une idée. Il se surmonta pourtant lui-même, recueillit ce qui lui restait de forces pour suivre toutes les phases de ce drame honteux, et, à mesure qu'on lui venait rendre compte de ce qui se passait, avec sa lucicidé d'esprit et son énergie habituelles, il indiquait les démarches à faire, les mesures à prendre, l'attitude à garder. Ce qu'il éprouva de douleur et d'angoisses, ce qu'il déploya d'efforts et d'énergie en cette rencontre, lui donna le coup de la mort (1). A partir de ce jour, ses forces diminuèrent de nouveau et l'appétit disparut complètement. Il dut s'aliter à la fin de février, et ce fut pour ne plus se relever.

A cette date, se sentant sans doute sérieusement atteint, il change complètement de manière d'agir ; autant sa santé lui importait peu auparavant, autant elle lui tient maintenant à cœur : il cesse tout travail et se soumet avec une fidélité scrupuleuse à toutes les prescriptions des médecins, ne souffrant personne dans sa chambre, réclamant les médicaments à l'heure fixée, acceptant le repos le plus complet ; à tout prix il veut guérir, et guérir pour la consolidation et l'achèvement de ses œuvres. « C'est mourir bien jeune, s'écrie-t-il ; je pourrais encore travailler vingt ans, et, par la grâce de Dieu, servir utilement sa cause. » Et bientôt il ajoutait : « Si Dieu le permet, qu'il soit béni ! Mais que sa volonté soit faite ! Car, je veux faire mon sacrifice, et le faire entier, et comme le doit faire un prêtre. Oui, tout mon être à Dieu, mon créateur ; à lui tout ce que je suis. » Puis, en finissant : « Priez, priez beaucoup ; mais ne demandez qu'une chose : que la volonté de Dieu soit faite ! »

On priait en effet beaucoup, car l'anxiété était grande en ville. La population tout entière se serait transportée près de ce lit de douleur, si les prescriptions rigoureuses des médecins n'avaient interdit toute visite. On faisait neuvaine sur neuvaine : la plus éclatante fut celle à saint Joseph, terminée par d'innombrables communions.

(1) « Attendez, » avait-on dit à l'instigateur de toutes ces mesures : « M. le doyen ne durera guère. » — « Qu'il crève ! et j'en serai débarrassé », fut la réponse brutale de ce mal élevé.

L'inquiétude n'était pas moins vive au loin, les prières n'étaient pas moins ardentes. Mgr de Luçon écrivait à M. Vasseur : « Quelque douloureuses que soient les nouvelles que vous me donnez de notre pauvre doyen de Bapaume, je vous suis on ne peut plus reconnaissant de votre lettre et j'ose espérer que vous voudrez bien soulager, aussi souvent que possible, par quelques mots, mes préoccupations et mes angoisses. Dès demain (4 mars), je commencerai pour le si cher malade une neuvaine de messes, afin de m'unir à vos prières, et je solliciterai également le concours de mon entourage et des communautés de la ville, particulièrement du Carmel. Veuillez dire à M. Dollé que, de tout cœur, j'invoque pour sa guérison et Saint Joseph et notre Bienheureux P. de Montfort. » A la même date, Mgr du Mans écrivait à la même adresse : « Je suis désolé des mauvaises nouvelles que vous me donnez de notre cher ami. Quand M. Planque dira qu'il n'y a ni tumeur ni accident grave, la faiblesse toujours croissante n'en reste pas moins plus inquiétante que toutes les maladies graves, franchement caractérisées. Mais ce qui me fait le plus de peine, ce sont les souffrances atroces que le cher Doyen doit endurer et dont il ne saurait décrire l'intensité. Je m'unis à vous pour demander au bon Dieu, par l'intermédiaire de Saint Joseph, un adoucissement à ces cruelles douleurs. Espérons en la bonté et en la puissance de ce grand patron des malades et des souffrants. »

Quelques jours plus tard, Mgr Labouré ajoutait : « Mgr Catteau, que j'ai vu à Angers mardi dernier, m'a entretenu de ses craintes au sujet de notre cher malade, et m'a dit que M. Giraud était en Artois pour lui faire, du moins le craint-il ainsi, une suprême visite. Je n'ai pas besoin de vous dire combien nous sommes affligés avec vous de cet état qu'il faut regarder comme désespéré. Le service que je voudrais vous demander, ce serait de dire au cher M. Dollé, lorsque l'occasion s'en présentera, toute la reconnaissance que je lui garde et lui garderai à jamais pour les services si importants qu'il m'a rendus et la profonde et sincère amitié dont il ma donné tant de preuves. Je ne perdrai jamais le souvenir de son cordial dévouement et..... je serais heureux si l'interprétation délicate que vous saurez lui faire de ces sentiments pouvait lui adoucir l'amertume et les souffrances de sa cruelle maladie. Je prie de mon mieux pour que la volonté du bon Dieu se fasse, et qu'elle soit généreusement acceptée, si elle exige le sacrifice. »

Le samedi 17 mars, vers le soir, le malade reçut les derniers sacrements. « Simple mesure de précaution, avait dit le docteur, mais il est bon de la prendre. » Ce médecin était M. Serré, qui avait l'habitude d'y aller ainsi avec ses malades et qui devait, grâce sans doute à cet acte de charité par excellence, avoir lui-même le suprême bonheur de recevoir pieusement les derniers sacrements avant de mourir. Sitôt que cet avis du docteur fut communiqué à M. Dollé, il demanda à se confesser ; sa maladie, du reste, ne l'avait jamais empêché de le faire très régulièrement. Sa première parole au confesseur fut celle-ci : « On me dit, de la part du médecin, que je pourrais ne pas passer la nuit ; je ne me crois pas arrivé à ce point ; mais ce n'est pas mon avis qui doit prévaloir en pareille question. » Puis, ayant conservé toute son intelligence, il mit à se confesser, à recevoir l'Eucharistie et enfin l'Extrême-Onction, toute son énergie morale, sa foi profonde et son esprit sacerdotal ; il semblait même, à en juger par ses mouvements, son attitude et sa physionomie, que les forces physiques fussent revenues un instant pour cet acte dernier et solennel. Avec quel accent il répondait lui-même aux prières de la sainte liturgie ! On ne saurait l'oublier quand on l'a entendu, car dans cet accent semblaient passer toutes les convictions de l'âme.

La nuit suivante fut mauvaise, comme l'avait auguré le médecin, et non moins douloureuse la journée du lendemain, dimanche.

Le lundi 19, M. Vasseur reçut ce dernier mot de Mgr Labouré : « Je suis avec vous et notre cher malade. Je ne le bénis pas; c'est la sienne de bénédiction que je demande. Il est si près de Dieu, qu'il va pouvoir nous obtenir plus que nous ne saurions lui donner. Je prie, sans discontinuer, saint Joseph, patron de la bonne mort, de lui ménager des derniers instants sereins et doux, en un sacrifice généreusement accepté et en toute résignation à la volonté de Dieu. Merci de ce que vous faites pour suppléer les amis absents. Je vous en suis profondément reconnaissant. »

C'était la fête de saint Joseph; ce fut un jour de grandes supplications en faveur du cher malade : on sentait mieux, semblait-il, le prix de cette existence, à mesure qu'elle paraissait davantage échapper. Saint Joseph voulut-il montrer que, si les prières n'étaient pas exaucées dans le sens désiré, elles étaient néanmoins entendues? La nuit et la journée furent beaucoup plus calmes et plus douces. Mais cette amélioration ne se soutint pas, et, dès le mardi matin, il fallut s'avouer que la fin approchait à grands pas.

Ce n'est pas que l'énergie morale fût affaiblie; non; les accents de la foi étaient toujours les mêmes, la résignation était toujours entière et absolue. Un autre sentiment, bien délicat et venu directement du cœur, persévéra également jusqu'à la fin : devant les siens, pas un mot, pas un acte, rien qui dût les mettre en face de la redoutable réalité et les avertir que tout espoir était perdu. Inutile précaution, sans doute; mais qu'elle dit bien la richesse de cœur du cher malade! Il continue aussi de prendre, avec une rigoureuse exactitude, tous les remèdes prescrits; au nom de l'obéissance, il n'est rien que ne puisse obtenir la religieuse infatigable qui le soigne avec un incomparable dévouement.

Vers dix heures du matin eut lieu une scène inoubliable. Il venait de passer par une crise qui avait fait trembler; cinq ou six personnes étaient autour de son lit. Un prêtre présent lui dit : « Bénissez-nous, Monsieur le doyen. » A cette demande, il se met sur son séant et ramasse le peu de force qui lui reste; sa voix est encore vibrante, son accent énergique, et c'est bien toujours de son cœur qu'il tire ses paroles : « Oui, s'écrie-t-il, je vous bénis ! Je bénis les présents et les absents ; je bénis ma paroisse ; je bénis mon Collège; je bénis mes écoles ; je bénis mes communautés religieuses ; je bénis toutes mes œuvres ; je bénis tout Bapaume, tout Bapaume, tout Bapaume ! » Puis, il ajouta : « Priez, priez beaucoup; mais ne demandez qu'une chose : que la volonté de Dieu soit faite ! »

Alors, on récita près de lui des prières auxquelles il s'unissait, mais par un effort qui finit par lui faire dire : « Assez, maintenant; je suis fatigué. » Et il retomba dans un assoupissement d'où il n'était tiré que par des souffrances souvent renouvelées et toujours très vives. La journée se passa dans ces alternatives.

Vers sept heures du soir, les souffrances cessèrent, le calme se fit et le cerveau, qui avait fourni, à une vie si remplie, une part si grande d'activité, sembla se remettre au travail comme aux jours des grands labeurs ; du moins, les mouvements extérieurs prêtaient à l'illusion. Dieu accordait-il à son serviteur, pour une dernière fois, quelque chose de cette jouissance intime et profonde qu'il avait goûtée, au milieu même des plus pénibles difficultés, à lutter pour de grandes causes ? Il paraissait vraiment revivre au milieu de ses travaux. On ne saisissait, il est vrai, que quelques mots, quelques phrases rapides imparfaitement prononcées ; car il ne pouvait plus que balbutier. Mais il s'agissait toujours de ses chères écoles chrétiennes ; il repassait les iniquités sous lesquelles on avait voulu les écraser ; de nouveau, il se voyait obligé de recourir à l'intervention des tribunaux. Soudain, la physionomie, sur laquelle la mort a déjà imprimé sa marque, s'épanouit visiblement et l'on recueille ces paroles : « Ils ont gagné leur procès ! ah ! ils ont gagné leur procès ! » Il s'agissait des Frères et du procès dont on ne devait connaître le résultat favorable qu'au mois d'août suivant.

Ces dernières lueurs d'intelligence disparurent à leur tour en même temps que cessèrent les mouvements du corps ; à huit heures et demie, l'agonie commença : il ne restait que la respiration ; elle était difficile mais paisible. Au bout d'une heure, elle devint plus lente ; insensiblement, les intervalles se firent plus longs, jusqu'à ce qu'après une dernière respiration, aussi calme que les autres, le dernier souffle vint expirer sur les lèvres. C'était fini ; la mort avait achevé son œuvre.

Cette vie, marquée par tant de luttes, s'éteignait dans la paix ; les souffrances, si longues et si vives, s'étaient calmées à l'approche de la mort ; la physionomie devenait tranquille et sereine, et le repos commençait dès ici-bas pour le soldat de Dieu et de l'Église.

§ XIII. — **Les Funérailles.**

Dès le mercredi matin, le corps de M. le doyen fut exposé

dans une chapelle ardente et les habitants de Bapaume vinrent en foule contempler, une dernière fois, la physionomie restée paisible, le visage où rien n'était altéré, de leur cher doyen. On ne se lassait pas de le revoir, de passer le temps près de lui : on semblait écouter encore et on croyait l'entendre.

Il en fut ainsi jusqu'au vendredi à 10 heures, pendant qu'en ville, dans les communautés, à l'église, se poursuivaient les préparatifs des funérailles.

Pendant le même temps, arrivaient de toutes parts les témoignages d'estime, d'affection et de regrets. Dans la presse, le *Courrier du Pas-de-Calais* s'exprimait ainsi dès le mercredi 21 mars :

« M. Dollé, doyen de Bapaume, vient de mourir. En arrivant de Luçon, où il avait été grand vicaire de Mgr Cateau, il disait à la population Bapalmoise, qui venait saluer pour la première fois son nouveau doyen : « Je viens vivre avec vous et n'ai d'autre ambition que celle de finir mes jours à Bapaume dans l'exercice de mon saint ministère. »

« Hélas ! le vœu de M. Dollé s'est malheureusement trop rapidement accompli et la mort est venue l'arracher encore jeune à l'amitié et à la vénération de tous ses paroissiens.

« C'est une grande perte pour la ville de Bapaume. M. Dollé était un homme d'une extrême activité et d'une haute intelligence. Dès son arrivée, il s'occupait de doter la ville d'un magnifique collège. Ce qu'il a fallu de démarches, de travaux, pour y parvenir, lui seul l'a su. Le succès l'attendait de ce côté et devait le récompenser d'une partie de toutes ses peines. Le collège Saint-Jean-Baptiste, qui est son œuvre, est aujourd'hui l'un des plus prospères du département. Puis vinrent les questions des écoles. Ce fut là surtout qu'il montra de quelle force de travail et d'énergie il était capable. Se heurtant chaque jour à de nouvelles difficultés, il restait toujours plein d'espérance et travaillait sans cesse avec plus d'ardeur et de ténacité. Après bien des agitations, il parvenait à conserver aux Sœurs de charité la direction d'une école de filles.

« La question de l'école des Frères de la Doctrine chrétienne était plus délicate. Une foule de difficultés se présentaient. Il passa tout le temps, qui n'était point absorbé par son ministère, à les examiner et à les résoudre. La vérité était faite, le succès paraissait assuré, quand, au mépris de tout droit et de toute justice, contre la volonté même de la municipalité et de la population, des crocheteurs dont les noms resteront toujours comme synonymes de lâcheté et de honte, vinrent enfoncer les portes de la maison des Frères et s'en emparer.

« C'était un coup terrible porté à notre éminent doyen. Il ne devait pas y survivre, et il s'éteignait hier, fatigué des veilles nombreuses qu'il avait consacrées à l'étude des questions, qui intéressaient à un si haut point la prospérité même de la ville.

« Toute la population lui conservera un éternel souvenir et viendra s'agenouiller, vendredi prochain, près de sa dépouille mortelle et vénérée. »

De Paris, M. le marquis de Lévis écrivait à la sœur de M. Dollé : « J'apprends avec une vive peine que votre bon et excellent frère a quitté cette terre. J'en suis consterné et ma femme, qui l'est comme moi, veut que je vous le dise de sa part. Avec lui disparait pour nous une de ces affections solides et chrétiennes, qu'il est si rare de rencontrer en ce monde et qui nous laissera de précieux et ineffaçables souvenir. Quand je dis « disparait », je me trompe, car comment douter que cet admirable soldat du Christ ne reçoive la récompense de cette ardeur infatigable avec laquelle il a toujours combattu le bon combat, sans ménager ses forces physiques épuisées par tant de luttes ? S'il en a besoin, hâtons par nos prières le moment de son entrée au Paradis, et j'ai la confiance que lui-même, à son tour, bénira du haut du ciel ceux qu'il a aimés ici-bas. Je sais que j'étais de ce nombre : il m'en a donné bien des preuves que je ne saurais oublier. »

Mgr l'évêque du Mans écrivait également : « Je suis frappé aussi cruellement que vous, puisque, si vous perdez un parent dévoué, je perds mon meilleur ami, celui sur lequel je pouvais, comme vous, me reposer de bien des soucis et inquiétudes. Le bon Dieu a voulu prématurément le rappeler à lui ; ne murmurons pas, et acceptons le sacrifice avec une foi et une espérance chrétiennes. » Mgr de Luçon, de son côté, disait à M. Vasseur qui lui avait annoncé la mort : « Hélas ! tout est consommé et j'ai perdu le meilleur, assurément, de tous mes amis, celui sur lequel je pouvais compter, nonobstant tous les sacrifices, et pour lequel, depuis près de quarante ans, mon âme n'avait point de secrets ! Il est mort dans la lutte, après s'être dépensé *sans mesure;* mais qui oserait le lui reprocher, et lui faire un grief des ardeurs de son zèle, de la générosité de son cœur ? » Le même prélat écrivait à la nièce de M. le doyen : « Le vide qui s'est produit dans mes affections me permet d'apprécier l'intensité de la douleur dans laquelle vous êtes plongée, avec votre si excellente mère. C'est une amitié de quarante ans qui se brise et l'amitié la plus intime, la plus dévouée, la plus généreuse. Seul, depuis nos années du Petit-Séminaire, votre oncle a été de moitié dans mes peines et dans mes joies, le confident de toute ma vie. Pourtant, plus grand encore doit être le déchirement de vos âmes et l'amertume de votre deuil !

« Heureusement la foi nous apporte, à nous chrétiens, ses fortifiantes consolations, et l'espérance ses perspectives éternelles. Celui qui nous a quittés sera notre protecteur auprès de Dieu et nous attend au séjour de la récompense (1). »

Par une coïncidence toute providentielle, les funérailles furent célébrées le vendredi de la Passion, jour où l'Église honore la Vierge des Douleurs, que Bapaume connait sous le nom de Notre-Dame de Pitié et que le défunt avait en particulière vénération.

« Depuis la mort de Mgr Lequette, de douce et chère mé-

(1) Il est d'autres cris, également partis du cœur, qu'il est juste de faire connaître :

« M. le doyen Dollé a rendu « sa belle âme » à Dieu, mardi soir.

« Nous avons, de son vivant, combattu l'homme néfaste qui, avec l'ardeur que l'on sait, « sema le vent et déchaîna la tempête parmi nous ». Paix à ses cendres.

« Nous n'avons plus maintenant qu'un vœu : c'est de voir le successeur de M. Dollé renoncer aux bénéfices de la succession d'homme de combat que laisse celui-ci, et rester dans le rôle de prêtre et de ministre de paix, qu'il est appelé à remplir parmi nous. Ainsi soit-il. » (*Gazette* du 25 mars 1888.)

moire, a écrit la *Semaine religieuse* du diocèse, on peut dire que la solennité des funérailles de M. le doyen Dollé a été l'événement religieux le plus important qui se soit passé à Bapaume. Jamais deuil ne fut plus touchant et plus unanime ; jamais ville ne manifesta mieux son respect, sa reconnaissance et sa douleur. Tout le monde était là, au pied de la lettre : soit dans l'église qui débordait, soit dans la rue, soit au cimetière. Les communautés religieuses, les associations pieuses, diverses sociétés avaient pris place dans le cortège, mais, entre toutes, on y remarquait, portant de magnifiques couronnes, les œuvres de M. le doyen : le Collège Saint-Jean-Baptiste, l'Orphelinat des Servantes de Marie, le Patronage des jeunes gens, les Écoles libres des Filles de la Charité et des Frères de la Doctrine chrétienne et aussi un groupe de ces ouvriers qu'il aimait tant et qu'il avait tant fait travailler.

« A la tête de soixante-dix prêtres environ, entre lesquels Mgr Labouré avait envoyé son représentant, M. l'archiprêtre Envent conduisait le deuil. C'est lui qui chanta la messe et fit l'absoute; c'est encore lui, malgré la fatigue, qui occupa la chaire, tendue de draperies funèbres comme le reste de l'église.

« Avec sa rare facilité de conception et d'élocution, continue la *Semaine religieuse*, mais avec l'esprit de l'académicien qui brille et intéresse, plus qu'avec le cœur de l'apôtre qui émeut et fait couler les larmes, ajouterons-nous, pour nous associer à des regrets universellement exprimés, M. Envent saisit et exposa le caractère vraiment grandiose des funérailles qui se déroulaient devant lui. Il raconta à grands traits la vie de M. Dollé, sa jeunesse vaillante, son brillant professorat au Petit Séminaire d'Arras, durant lequel il savait donner une âme même à l'enseignement des sciences mathématiques et naturelles; son activité et son zèle à Monchy-Cayeux, où son souvenir est toujours vivant; sa participation éclairée et féconde à l'administration diocésaine de Luçon ; surtout l'épanouissement de ses talents et de ses vertus dans la paroisse et le doyenné de Bapaume.

« Se croyant obligé de faire un choix entre toutes les œuvres de M. Dollé, que des écussons, disposés le long de la nef de l'église, énuméraient avec beaucoup d'art, l'orateur s'arrêta à la fondation du Collège Saint-Jean-Baptiste.

« Cette fondation, à proprement parler, comme la plupart des œuvres religieuses du présent, n'est qu'une restauration du passé. Le collège de Bapaume existait depuis longtemps, et ses élèves ont fait bonne figure, au commencement de ce siècle, à Douai, à Arras, et ailleurs. Mgr Lequette s'en est souvenu et M. Dollé a provoqué une résurrection vivement désirée. Ces deux grands esprits, se rencontrant dans la même pensée, ont voulu que l'éducation forte et chrétienne se répandit de nouveau abondamment sur ce plateau fertile, qui s'étend tout ensemble sur les confins de la Picardie et de l'Artois, et ils ont fondé un collège qui est à la fois le centre intellectuel et religieux de toute la contrée.

« L'éducation de la jeunesse à tous les degrés était, du reste, le principal souci de M. Dollé, mais il n'était pas le seul. Toutes les hautes pensées surgissaient dans son large esprit et toutes les initiatives généreuses sortaient de son noble cœur. Hélas! la maladie impitoyable est venue soudainement et avant l'heure mettre un terme à cette vie si pleine. Toutefois, remercions Dieu : la mort de M. Dollé a été prématurée, mais elle n'a pas été imprévue; au contraire, elle a été saintement préparée, acceptée et subie. C'est pourquoi elle nous laisse pleins de consolation et d'espérance. »

Le dernier mot de cette solennité Bapalmoise appartenait au premier représentant de la cité. Il a été dit par M. le maire avec un accent de sympathie et une sincérité d'émotion qui, cette fois, ont tiré des larmes à tous les assistants. C'est une page éloquente et chrétienne, a-t-on dit, qui honore autant celui qui l'a écrite que celui qui l'a inspirée.

La voici :

« Messieurs,

« Je ne veux point laisser, sans redire ici l'émotion qui remplit mon âme, qui remplit la vôtre à tous, refermer cette tombe prématurément ouverte et qui nous ravit un trésor dont nous avons à peine joui.

« Dix ans, Messieurs, ce n'est pas long dans le cours si fugitif des années ! Il est vrai, Dieu nous avait donné M. Dollé dans la pleine activité de son intelligence et de son cœur ; et il est des hommes pour lesquels dix ans d'activité valent une longue vie : il a été de ceux-là pour nous.

« Le ciel l'avait doué d'une intelligence supérieure. Qui ne fut frappé, dès son arrivée parmi nous, de cette largeur de vues avec laquelle il envisageait toute question, de la sagesse dont ses paroles étaient empreintes, des aperçus judicieux par lesquels il ouvrait devant vous des horizons inattendus ; ajoutez à cela, qu'il parlât, soit au public, soit pour ceux qui avaient l'honneur de l'entretenir, — et j'ai été plusieurs fois de ce nombre — un langage clair, précis, portant avec lui la lumière. Et cet esprit supérieur était accessible à tous. Le prêtre, c'est vrai, est le père de tout le monde ; quelle tentation pourtant de rester un peu dans des régions plus hautes, lorsque l'on y est porté par la hauteur de ses pensées et de ses vues !

« Mais chez lui, c'était une patience infatigable à donner ses conseils aux plus petits ; et comme on avait plaisir à l'entendre développer ses idées aux braves ouvriers qu'il chargeait de les exécuter ! Homme de bon conseil, il l'était avant de venir parmi nous ; il l'a été pour tous, au milieu de nous, jusqu'à son dernier soupir.

« Ce qui le rendait accessible à tous, c'était son noble cœur qu'il faut mettre à côté de sa belle intelligence. On peut le dire de lui, ce fut un homme de cœur. Et dès qu'il vint parmi nous il se mit à nous aimer.

« Que de fois n'a-t-il pas dit : « ce cher Bapaume »; et nous nous sommes laissé raconter avec attendrissement que l'un de ses derniers mots avait encore été celui-là.

« Il disait et redisait « Bapaume » en le bénissant pour la dernière fois. Oui, nous pouvons tous l'affirmer, il aimait son peuple; à ce peuple il avait donné sa vie; les rêves d'avenir, que l'on pouvait faire pour lui, le laissaient insensible : il ne rêvait, lui, que de faire du bien au milieu de ceux qui étaient devenus les siens.

« Son premier rêve avec nous — car je veux dire un mot de ses œuvres — ce fut, vous le savez, Messieurs, d'obtenir à Bapaume un collège.

« Monseigneur en fut le fondateur assurément, mais, de

même que la Providence n'accomplit jamais ses desseins qu'à l'aide d'instruments qu'elle se choisit, de même il n'y aurait point eu de collège à Bapaume, si nous n'avions eu pour doyen M. Dollé. Il fallait cette intelligence dont j'ai parlé, cette énergie et ce cœur à l'ouvrage, cette infatigable persévérance, pour conduire à terme une pareille entreprise. Ce collège, nous en jouissons aujourd'hui, Messieurs, nous en profitons tous, et il est la richesse en même temps que l'honneur de la ville.

« Mais saluons avec reconnaissance la mémoire de celui qui en a obtenu la création à force de labeurs, de démarches et de sacrifices.

« L'instruction, du reste, à tous les degrés, faisait l'objet de sa plus grande sollicitude. De génération en génération, les enfants de Bapaume sont entre les mains des bons Frères et des bonnes Sœurs. Un jour vint où les difficultés se montrèrent à l'horizon. Je n'y veux point pénétrer ici et je me reprocherais de troubler la paix de cette tombe. Mais qui ne sait, parmi nous tous, quelles furent ses alarmes, ce qu'il dépensa de travail, de veilles et d'argent, pour assurer, à tout le moins, la liberté à tant de pères de famille qui ont si fort à cœur de faire élever leurs enfants comme ils l'ont été eux-mêmes. Tous nous pouvons le dire, parce que tous nous le savons : pour continuer à ses concitoyens ce bienfait de l'instruction chrétienne, il a épuisé jusqu'à ses dernières forces, et, tant qu'il eut une goutte de sang dans les veines, personne, habitants de Bapaume, ne l'eût empêché de vous la donner, à vous et à vos enfants.

« Je n'ai presque rien dit, Messieurs, et pourtant l'heure veut que je m'arrête ; mais nous ne le ferons pas sans adresser, dans un vrai déchirement de cœur, un dernier adieu à cet homme qui a fait tant de bien parmi nous.

« Cet adieu, je le lui dis en mon nom, comme maire de Bapaume et comme son ami ; je le lui dis au nom de tous, riches et pauvres, grands et petits ; je le lui dis en votre nom, gens de métier et ouvriers, qui vous êtes groupés pour lui offrir une couronne et qui avez bien fait, car il vous aimait ; je le lui dis au nom de la jeunesse des écoles qui perd en lui un protecteur et un père ; je le lui dis au nom de tous, car s'il a eu des adversaires, il ne s'est pas connu d'ennemis.

« Adieu, homme de bien, cœur loyal, bienfaiteur de notre ville ; nous inscrivons votre nom dans les pages de notre histoire locale, à côté de celui de notre illustre compatriote Monseigneur Lequette, qui vous portait tant d'affection ; nous l'inscrivons surtout au fond de nos cœurs ; et puissent cette universelle sympathie et tous ces touchants témoignages rendus par toute une ville à votre mémoire, adoucir l'inconsolable douleur d'une sœur et d'une nièce qui, après vous avoir prodigué leur dévouement, vous voient si cruellement enlevé à leur affection.

« Adieu, ô notre bon et vénéré doyen. Jouissez en paix du mérite que vous ont acquis vos travaux, près de Celui qui seul pouvait les couronner.

« Adieu !... »

Dès le lendemain des funérailles, les diverses œuvres et associations pieuses commençaient à faire offrir, chacune à son tour, le saint sacrifice de la messe pour le regretté défunt. Le même jour, sur l'initiative de M. le curé, un service solennel était célébré à Monchy-Cayeux ; tous les habitants y assistaient en habits de deuil, pour donner ce témoignage de leur reconnaissance et apporter le secours de leurs prières à celui que dix ans de séparation n'avaient pu faire oublier ; et, au récit de ce qui s'était passé la veille à Bapaume, des larmes coulaient de tous les yeux.

Toutefois, ce n'était pas assez pour leur affection : ils voulurent une cérémonie préparée de plus longue main et mieux en rapport avec la place que M. Dollé avait tenue dans le pays et qu'il occupait encore dans les cœurs. Au commencement de mai, le service de six semaines reçut la plus grande solennité : l'église, entièrement tendue de deuil, groupait une douzaine d'ecclésiastiques autour de M. le doyen de Pernes et réunissait de nouveau tous les paroissiens endimanchés. M. le curé officia et M. le Supérieur du Collège Saint-Jean-Baptiste de Bapaume porta la parole.

Après avoir dit que le spectacle touchant, offert par les paroissiens de Monchy-Cayeux pleurant leur ancien curé, malgré dix ans d'absence, était un incomparable discours et le plus magnifique témoignage qui pût être rendu à un ministère de seize ans, inspiré par le dévouement, rempli de travaux, et, grâce aux bénédictions du ciel, couronné de succès, l'orateur fit revivre le défunt, sous les yeux de ceux qui l'avaient si bien connu et tant aimé.

Il parla de « cette intelligence supérieure qui s'était révélée dans le cours de ses études et de son professorat au Petit-Séminaire d'Arras, mais qui éclata davantage encore lorsqu'il fut à la tête d'une paroisse, à cause de la multiplicité et de la variété des affaires qu'il appelait et qui venaient à lui. Monchy était fier d'avoir un curé si capable, et les ingénieurs, qui construisirent le chemin de fer de Saint-Pol à Anvin, restèrent stupéfaits de rencontrer, au fond d'une campagne, un prêtre en mesure de leur en remontrer. Vicaire général, il fut à la hauteur de sa position, ou plutôt, son élévation acheva de le montrer tel qu'il était, et qu'on le connut à Bapaume, où il porta la lumière dans des questions de toute sorte, même lorsqu'elles paraissaient inextricables ; où il conçut tant d'entreprises avec cette largeur de vues qui est le propre des esprits supérieurs.

« Cette intelligence était servie par une grande force de volonté. Avant de se décider et de commencer une entreprise, il prenait le temps de la réflexion et s'efforçait de tout prévoir ; les calculs étaient faits et refaits pour laisser le moins possible à l'imprévu. Du moment où la décision était prise, rien ne l'arrêtait plus, et, pour arriver au succès, il allait jusqu'au bout de ses forces; c'est la marque des âmes viriles, selon le mot de saint Augustin : *Homines voluntates sunt*. Il déploya cette énergie de volonté dans toutes ses œuvres, églises, collèges, maisons de religieuses, écoles, associations ; il la porta dans tous les devoirs de sa charge, mais tout particulièrement dans la défense de la vérité : il savait la dire, et pour donner un enseignement large et complet, et pour maintenir les droits de Dieu sur tous les points menacés, et pour reprendre quand cela devenait nécessaire.

« Comment parler convenablement de son cœur qui le portait à des excès de dévouement et de générosité ? Toute occasion lui était favorable pour en prodiguer les effusions. A ne parler que de Monchy, dans ses instructions il émiettait, pour ainsi dire, la doctrine afin d'en faire une nourriture assimilable à ses paroissiens ; dans ses catéchismes, il déployait une ardeur infatigable et une patience inaltérable à se mettre à la portée des plus ignorants ; au confessionnal, il se dépensait à relever les âmes, à leur inspirer la haine du péché ; près des malades, il était d'une assiduité touchante et d'un dévouement à l'épreuve de tous les sacrifices. En tout, il n'avait en vue que le bien de ses paroissiens, et, non content de leur procurer une église et des écoles, il entrait dans leurs intérêts particuliers, et, au besoin, rebâtissait même leurs maisons.

Que dire enfin de son âme sacerdotale où l'on rencontrait, comme traits saillants, une parfaite rectitude de conscience, un vif sentiment de la grandeur de Dieu, un étonnement perpétuel des excès de son amour, particulièrement dans l'Eucharistie, et, par-dessus tout cela, une indomptable énergie dans l'oubli de soi-même et le sacrifice de tout son être, qu'il dépensait, sans jamais compter, au service de Dieu et du prochain ?

« Et que fut donc la vie de M. Dollé, sinon une vie généreusement donnée et sacrifiée tout entière ? Il n'eut jamais la santé parfaite ; mais aux jours mêmes où elle servait le plus mal son grand courage, il savait s'assujettir encore au travail. Du reste, a-t-il jamais connu le repos ? Et, lorsque le corps semblait se l'accorder, l'esprit n'était-il pas, dans toute son activité, à Dieu et aux âmes, aux projets et aux œuvres que ces deux amours inspiraient ?

« Hélas ! le jour vint où la souffrance devait pourtant réduire ce corps à l'impuissance et tout abattre, sauf le courage et l'énergie, j'allais dire l'héroïque volonté, d'accepter tous les sacrifices, quelque accablants qu'ils pussent paraître. Car, Dieu, qui se plaît à mettre en œuvre toutes les ressources dont il a doué ses créatures et à en tirer, pour sa gloire et pour leur éternel bonheur, tous les mérites qu'elles sont en mesure d'acquérir, Dieu avait résolu de le faire passer par ce qu'il y avait peut-être de plus dur pour une nature comme la sienne : l'impuissance, la longue impuissance en face d'œuvres auxquelles il avait donné toutes ses forces physiques et morales, je ferais mieux de dire tout le sang de son corps et de son âme, et qui, restées en formation, tombaient en péril par le fait même de cette impuissance. Et puis la mort ! la mort qui les laissera, après elle, inachevées et exposées à toutes les vicissitudes ; la mort en plein cœur de la vie ; la mort, qui vient parce que les défaillances d'un corps usé au travail l'appellent sans pitié, mais que repousse une énergie restée entière et brûlant toujours du désir de se dépenser au service du bien.

« Comment peindre cette lutte héroïque, qui dura pendant des mois et qui marqua surtout les dernières semaines, entre cette volonté, toujours aussi forte, de vivre et de travailler, et la mort qui, jour pour jour, poursuivait son œuvre implacable ?

« Il fallait entendre des paroles comme celles-ci : « C'est mourir bien jeune !..... » qui eussent été d'une âme désespérée, si elles n'avaient été suivies de ces autres, dites et redites avec cette énergie qui ne voulait pas faiblir : « Si Dieu le veut, qu'il soit béni. Mais que sa volonté soit faite ! »

« N'est-ce point un dessein particulier de ce Dieu toujours bon, d'avoir mis constamment sous les yeux de son serviteur la grandeur de son sacrifice et de lui en avoir fait mesurer la profondeur, afin de faire briller en lui cette invincible résignation, si méritoire pour le ciel et pour nous d'un si salutaire exemple ? »

A ces accents, tous les paroissiens pleuraient, et c'était bien, comme l'avait dit l'orateur, après dix ans de séparation, le plus bel hommage rendu au grand cœur de M. Dollé.

§ XIV. — **L'Anniversaire.**

Les derniers devoirs rendus au défunt, on mesura mieux encore le vide creusé par sa mort ; aussi, les sentiments de regret ne firent que s'accentuer. M. Dollé avait tant fait pour Bapaume en dix ans ! Il y avait tant d'œuvres qui semblaient n'avoir de vie que par lui, et elles comprenaient si bien quel soutien, quel défenseur, quel père elles avaient perdu !

Hélas ! il n'était plus, et les regrets ne le feraient pas revivre ; mais il était de ces hommes dont on sent le besoin de perpétuer le souvenir. Ses amis dévoués et les admirateurs de ses œuvres ont pu constater combien ils répondaient au sentiment populaire, lorsque, obéissant au sentiment de leur cœur, ils proposèrent de lui élever un monument qui fût le témoignage de la reconnaissance publique.

Une souscription fut immédiatement ouverte et présentée à domicile. Elle reçut un accueil qu'on peut dire unanime, tant le nombre des abstentions fut insignifiant (1); c'était déjà un bel hommage, rendu par ce suffrage vraiment universel, aux œuvres de M. Dollé. Cinq cents souscriptions produisirent près de trois mille francs auxquels vinrent se joindrent les dons de l'amitié ; il fut décidé qu'on élèverait une chapelle sur la tombe du regretté doyen.

La cérémonie d'inauguration eut lieu le jeudi 23 mai de l'année suivante (1889) et l'on plaça en ce jour le service du bout de l'an. L'activité qui avait préparé les funérailles, se retrouva la même pour ce jour de grand souvenir ; les cœurs, on le vit bien, n'avaient rien oublié, et les sentiments avaient conservé toute leur vivacité.

L'église paroissiale, tant aimée du défunt, a repris sa parure de grand deuil ; les inscriptions du jour des funérailles ont retrouvé leur place et on les relit avec une émotion nouvelle ; le catafalque, dressé dans le chœur, est surmonté des insignes de chanoine. Autour sont groupés les membres du Conseil de fabrique, MM. le maire et les adjoints, le Conseil municipal et les hommes de cœur qui ont été les promoteurs de la souscription ; plus de soixante prêtres, les uns venus du doyenné, les autres accourus de loin et témoignant ainsi qu'il y a des amitiés que la mort ne brise pas, occupent les stalles du chœur et des-

(1) Il n'est pas hors de propos d'entendre le ton des opposants :
« Pour atténuer le piteux effet de la manifestation qu'on avait tenté d'organiser, à l'occasion des obsèques de M. Dollé, et qui a quelque peu raté, — ce serait bien osé de nous contredire sur ce point, nos concitoyens le savent, et quoi qu'en dise le panégyriste qui en a d'avance écrit le récit pour le *Cantonal*, — on a fait, cette semaine, circuler à domicile des listes de souscription pour élever un monument au défunt doyen. On se targuera sans nul doute de ces listes pour nous montrer l'unanimité des sentiments de regret manifestés par la ville de Bapaume pour un homme qui a tant fait pour elle (??). Assurément, à côté des chiffres plus ou moins ronflants des admirateurs, on trouvera les noms, nombreux peut-être, de ceux qui ne pouvaient ou n'osaient faire autrement que d'y inscrire leur menue monnaie, eu égard à leur situation vis-à-vis des personnes qui faisaient circuler les listes. Seulement, oserait-on affirmer que pour beaucoup cela ne doive pas s'intituler tout simplement : le choix de la carte forcée ? »

(*Gazette* du 1er avril 1888).

cendent jusque dans la nef ; l'église est toute remplie par les communautés, les membres des diverses œuvres et les fidèles. C'est le successeur de M. Dollé qui monte à l'autel pour offrir le divin sacrifice et ce sera M. le doyen d'Albert qui prendra la parole, avant l'absoute, pour répondre au vœu unanime de la population et redire les mérites de son vaillant frère d'armes.

« Nous n'analyserons pas ce discours, a dit le *Cantonal* auquel nous empruntons ces souvenirs ; nous ne saurions, non plus, le reproduire en entier : ces discours-là, on les entend longtemps, on ne les refait jamais. On ne reproduit pas cette éloquence chaude et vibrante, cet accent qui vient du cœur, et tout ce qui fait si bien revivre ce que l'on a tant aimé......... Nous voulons travailler néanmoins à reconstituer de notre mieux quelque chose de ce qu'a dit M. le doyen d'Albert :

« *Cordis homo*,
« Il a été un homme de cœur.
(*Épitre de S. Pierre.*)

« J'apporte, sur une tombe prématurément ouverte, le salut d'un frère d'armes et l'hommage d'une admiration mêlée d'immenses regrets.

« Tout, du reste, dans les magnificences de cette solennité funèbre, ne dit-il pas à M. l'abbé Pierre Dollé ce salut du regret et cet hommage de l'amour : l'église avec ses tentures funèbres ; l'enceinte devenue trop étroite ; la couronne si nombreuse du sacerdoce, où le clergé d'Arras et d'Amiens se réunit pour pleurer un ami et un modèle.

« Comment donc, dans ce milieu où toutes les grandeurs et toutes les admirations se rencontrent, suis-je appelé à l'honneur d'être l'interprète de tous ? Pèlerin fidèle à ce rendez-vous de l'amitié reconnaissante, je me faisais une joie de l'entendre louer, ce vaillant d'Israël, ce Jonathas de mon cœur, par un de ces maîtres de la parole qui ont été ses émules et ses disciples. Je n'ai le droit que de m'étonner, et, habitué à trop recevoir pour rien refuser, je remercie l'attention épiscopale et municipale qui me fournit l'occasion de dire au diocèse d'Arras ma reconnaissance et mon admiration, en pleurant avec lui une de ses plus belles gloires.

« Cité de Bapaume, tes édiles m'ont transmis un désir presque irréalisable. Mais je les savais si bien, formant une seule famille avec le vénéré défunt, que j'aurais craint de contrister le père en refusant à ses fils.

« Puis, nos deuils chrétiens ne sont pas sans consolation, et, en pleurant avec vous l'ami absent, mes yeux se reposent avec complaisance sur son pieux et zélé successeur, qui sait trop bien apprécier l'héritage recueilli pour ne point le grandir encore.

« Qu'ai-je à craindre dans ce milieu où le temps n'a rien effacé ? Les souvenirs de votre admiration reconnaissante suppléeront à l'impuissance et aux oublis de ma parole.

« Il n'est pas donné à tous d'être un homme : M. l'abbé Pierre Dollé en fut un, lui, et un homme de cœur, *Cordis homo ;* il fut, lui aussi, « fort comme le diamant, plus tendre qu'une mère. » C'est de ce cœur que je me propose de vous redire les *tendresses* et les *vaillances.*

« Puissé-je étaler sous vos regards cette pourpre royale d'un véritable mérite sacerdotal, et je m'estimerai heureux de vous avoir expliqué cette grande fête, cet hommage de votre Bapaume qui a voué au cher défunt une vénération, faite tout à la fois d'admiration et d'amour.

« Quand le Christ Jésus eut convoqué autour de lui ses disciples, il leur légua comme testament la Loi de l'Amour. « On vous reconnaîtra à ce signe : c'est que vous vous aimerez les uns les autres. »

« Mais si la Charité est la loi de la vie chrétienne, que dirons-nous du prêtre et du sacerdoce ? Dieu est charité ; le prêtre, lui aussi, doit être charité, et c'est pour cela que nous avons été choisis du milieu du peuple. Le prêtre, n'est-ce point Jésus-Christ, vivant et perpétuant son ministère de salut au milieu des hommes ?

« Je ne vous dirai point comment la Providence prépara cette belle vie dans l'humble maison de Créquy, sous les baisers d'une mère chrétienne, et à un foyer où tout était lumière, énergie, santé.

« Je ne vous dirai point comment cette fleur s'est épanouie au soleil d'une éducation chrétienne, qui ne connut que des admirateurs et des amis, qui créa ces chaudes amitiés qui, à un demi-siècle de distance, lui restent fidèles, à Luçon et au Mans, comme à Lille et à Arras.

« Je ne remettrai point sous vos yeux ce jeune professeur du Petit-Séminaire d'Arras, ce curé de Monchy-Cayeux où, hier, après dix années d'absence, ses enfants le pleuraient comme s'il ne les eût jamais quittés.

« J'ai à peine le temps d'esquisser à grands traits cette physionomie, vivante encore dans vos souvenirs émus.

« Fénelon disait : « Que sont tous les feux du soleil à côté du feu du regard dans un homme de génie ? » Fénelon avait raison, et pourtant il n'indiquait point là le dernier mot de la beauté humaine. Ce n'est pas seulement le génie qui a des feux, le cœur en a d'aussi chauds et de plus tendres.

« Voyez-le, sous sa haute et fière stature, le prêtre qui durant dix années fut votre pasteur et votre père. Sous ces traits énergiques et accentués, quelle vivacité de l'âme, quelle douceur du regard pour animer cette belle physionomie du prêtre ! Quel sourire plein d'aménité, quel regard enveloppant de sollicitude et d'amour tout ce qui lui est confié ! On sent un grand cœur aux riches délicatesses, voyant partout l'âme humaine vers qui il est envoyé, ayant comme un culte pour l'enfant, l'ouvrier, le malade, le pauvre, qu'il aime et qu'il garde comme toutes les gloires de son cher Bapaume.

« Les petits enfants ! Ah ! s'il les aimait de toutes les tendresses surnaturelles du cœur, vous le savez bien, mères chrétiennes, si heureuses de les présenter à ses bénédictions et à ses baisers.

« Alors que sa main se levait sur eux, son cœur semblait, à travers la frêle enveloppe, mesurer la grandeur de leur destinée, et se complaire dans l'admiration de leur innocence.

« Avaient-ils grandi ? Essayaient-ils leurs premiers pas dans le chemin de la vie ? Il commençait à les suivre et à les envelopper de sa sollicitude. Comme il était heureux de les voir, de leur parler de Dieu, de la bonne Vierge du Ciel, de croiser leurs petites mains et de dire avec eux, dans ces catéchismes qui lui tenaient tant à cœur : « Notre Père, qui êtes aux cieux...! »

« Aux jours de vos solennités de Notre-Dame de Pitié, alors

qu'ils passaient devant lui, sous leurs blanches parures de fête et sous le charme de leur innocence, il m'en souvient, il les admirait et les faisait admirer, et je pourrais ajouter : il aimait son petit monde et son petit monde l'aimait. Quand il se soumettait, avec eux, à ces examens publics de cathéchisme qui, si solidement établis et d'une utilité si incontestable, ont pu n'être pas compris de tous, il montrait encore là une des tendresses de son cœur.

« Ah ! c'était bien le cœur du Bon Pasteur, disant à tous : « Laissez venir à moi les petits enfants : *Sinite parvulos venire ad me.* »

« Plus il les voyait faibles, déshérités des biens du monde, abandonnés de tous, plus il les aimait. Il savait que Dieu a dit au prêtre : « *Tibi derelictus est pauper, orphano tu eris adjutor.* » Et voilà comment un jour se transforma, sous l'inspiration de son grand cœur, cet orphelinat de Notre-Dame de Pitié, dont il était vraiment le père. Il ne fut point seul en ce labeur, sans doute, et je salue, avec les remerciements de la cité tout entière, les prêtres, ses vicaires, qui se firent quêteurs pour lui, et la princière générosité qui révélait déjà, dans un noble cœur, ce que la France entière admire aujourd'hui dans le grand défenseur de notre agriculture : l'amour vrai du peuple.

« Mais, quand les ressources furent amassées, avec quel empressement il s'efforça de faire de la caserne un berceau et un nid d'amour. Ces orphelins sont bien à lui, et il descendra volontiers des hautes préoccupations de son grave ministère aux détails que j'appellerais vulgaires, si le cœur n'avait le secret de tout grandir. Le voilà architecte, ouvrier, bâtisseur, ne se donnant ni trève, ni repos, qu'il n'ait donné aux mères et aux enfants un véritable palais.

« Et puis, j'ai parlé d'ouvriers. Il était leur maître, et vous savez s'il les aimait. Il avait toujours quelque part un chantier ouvert, où sa sollicitude pour l'enfance, pour la pauvreté, pour le Dieu de l'Eucharistie, se révélait, mais où aussi son cœur s'épanouissait à donner du bonheur, en donnant du travail et du pain.

« Et ils le savaient bien, ces ouvriers de Bapaume, qui, après l'avoir suivi et servi avec un légitime orgueil dans toutes ses entreprises, voulurent le porter en sa dernière demeure ; comme ces soldats valeureux qui, au soir de la bataille, serrent dans leurs bras le chef adoré qu'une balle a frappé, et l'ensevelissent dans les plis du drapeau.

« Le chômage s'était-il abattu quelque part avec la maladie et la pauvreté ? Vite, le Bon Pasteur était là, pouvant redire : « Je connais mes brebis et mes brebis me connaissent ; » et on savait qu'il était grand dans les générosités de son cœur, donnant sans compter. Il les aimait tant, ses pauvres et ses souffrants, que, pour les aider, il eût fait l'impossible, et il connaissait ce cri mélancolique de Pascal : « La plus grande infirmité de l'homme, c'est de pouvoir si peu pour ceux qu'on aime. »

« Il eût voulu trouver sous sa main des ressources pour venir en aide à toutes les nécessités et à tous les besoins, et, quand il les avait trouvées, on ne savait qu'admirer davantage de sa reconnaissance ou de sa joie.

« Aussi je comprends ce salut de bienvenue que l'on garde chez les Servantes de Marie comme un précieux souvenir : « Ah ! des garde-malades ! Quel bonheur ! »

« Ce cœur faisait tout avec élan et promptitude, et si, de loin en loin, il le voilait sous un nuage de brusque vivacité, c'était pour reparaître immédiatement sous le radieux sourire d'une effusion plus grande encore.

« Avec quel enthousiasme il épousait les gloires de son cher Bapaume, soit qu'il créât votre beau collège de Saint-Jean-Baptiste, soit qu'il élevât à Mgr Lequette un monument d'honneur, soit qu'il rendit à Notre-Dame de Pitié les splendeurs des anciens jours. On nous accuse parfois d'être ambitieux : oui, nous le sommes, mais notre ambition, à nous, c'est de rendre nos peuples grands, heureux.

« Avec sa haute intelligence de la vie, avec la passion de son cher Bapaume, M. l'abbé Dollé rêva de prendre la jeunesse dans les milieux appelés à tenir la direction du pays, pour l'élever, dans le vrai sens du mot : ce fut là sa grande idée dans la création du Collège ; par l'enfance bien élevée, par la jeunesse conservée, grandir Bapaume, y développer la lumière, le sentiment de la justice, le respect de soi-même, la dignité de la vie, le devoir, l'honneur. O vénéré confrère, c'était le rêve de votre cœur, et, en fermant les yeux, vous avez pu dire : « Mes espérances sont réalisées. » Avec quel légitime orgueil vous applaudissiez, comme nous, au succès de cette Maison, où les pères et les enfants rivalisent de bon vouloir et de mérite, pour former à la cité un véritable diadème d'honneur.

« Il y avait, du reste, une bénédiction assurée sur cette œuvre, puisqu'elle était appelée à perpétuer la mémoire d'un pontife, enfant de cette cité, qui restera l'une de ses gloires, après avoir été l'honneur de l'Église et de la France. Avec quel légitime orgueil il vous parlait de ce pontife aimé ! Avec quel empressement il l'accueillait, quand il venait apporter à ses enfants ses plus larges bénédictions. Aussi fut-il atteint au plus profond de son être, quand ce Père lui fut enlevé.

« Mais le culte qu'il lui avait voué reste vivant ! Les attentions les plus délicates, les démarches les plus empressées, les sacrifices les plus méritoires, il jeta tout à pleines mains pour élever sur un piédestal d'honneur ce grand évêque, qu'il saluait avec un double orgueil : comme prêtre et doyen de Bapaume. Aussi, avec quelle éloquence, il vous en souvient, il vous parla, du haut de cette chaire, en cette solennité si brillante, où Bapaume s'honora grandement en honorant si bien l'un de ses fils.

« Mais si Bapaume a des fils qui font sa gloire, il a une reine, une mère qui fait son honneur et sa puissance : je veux dire Notre-Dame de Pitié.

« Ah ! sur ce trône où les siècles sont venus l'acclamer, qu'elle redise, avec la richesse de son sanctuaire, l'ornementation de son autel, les pompes et les magnificences de sa fête, toutes les tendresses de ce fils qui, dans la sublime simplicité de sa foi, lui recommanda tous ses projets, en allumant trois lampes dans son sanctuaire.

« L'amour de la Sainte Vierge ! c'était tout son cœur, et vous me permettrez de rappeler un souvenir qui pourra vous paraître personnel, mais qui vous dira sa grande âme.

« C'était au 8 septembre, il y a cinq ans : M. Dollé était venu, avec un clergé nombreux, apporter ses sympathies sacerdotales à une œuvre naissante. Il s'agissait d'élever à Notre-Dame de Brebières un ex-voto lapidaire, ce que l'on appelait un rêve de l'amour, une utopie du cœur. J'avais redit en chaire ma foi vivace dans la charité de nos populations catholiques. Et voici que M. Dollé, se dressant de toute sa taille, et avec ce grand geste que vous lui connaissiez, me répondit à haute voix : « Oui, Monsieur le doyen, nous sommes avec vous. »

« Ah ! si j'apporte pour vous louer, ô vénéré confrère, une parole impuissante, j'apporte pour vous bénir un témoignage autorisé et un souvenir de tous vos encouragements qui m'ont ouvert tout grand le diocèse d'Arras. Et au nom de ces souvenirs, qui me sont si chers, je vous arme chevalier de Notre-Dame de Brebières !

« Chevalier ! il l'était avec toutes les *vaillances*. C'était bien le bon soldat de Jésus-Christ. *Labora sicut bonus miles Christi.* Travailleur acharné, il creusait chaque jour les sillons de ce champ que le père de famille lui avait confié, jetant dans ces sillons tous les trésors de son cœur.

« Sous cette activité intelligente, tout grandissait, tout prospérait dans la foi et dans la vie chrétienne. S'emparant de tous les éléments de bien épars autour de lui, il s'en était armé, et avec toutes ces forces réunies, il édifiait dans les âmes le règne de Jésus-Christ. Associations de piété, patronages de la jeunesse, hospice pour malades et vieillards, ouvroirs, pensionnats, écoles, tout semblait reprendre une nouvelle vie et un nouvel essor : c'était vraiment le triomphe du bien.

« Les grandes orgues de nos vieilles cathédrales gothiques demandent, pour faire éclater la puissance de leurs jeux, que des mains d'artiste courent sur le clavier, et alors ce sont des harmonies mêlées d'émotions et de joie indicibles. Ici, sous la main de ce prêtre, tout chantait Dieu, la Patrie et l'Église, la Foi, la Dignité, la Justice et l'Honneur !

« Cité de Bapaume, le génie militaire avait démantelé tes murailles, les pouvoirs publics t'avaient déclassée ; n'importe, ton curé fera de toi une citadelle avancée, où le drapeau est fièrement porté, où l'honneur et le droit sont vaillamment défendus.

« Il est toujours debout sur la brèche, au poste le plus avancé, soutenant toutes les attaques, en vrai soldat de l'honneur combattant pour le bien.

« Autour de lui la confiance renait, l'élan surgit, l'enthousiasme se communique, et sur quelque endroit de la cité qu'il porte son drapeau, tout Bapaume le suit toujours pour le défendre. Qu'il s'agisse de garder à ses enfants leurs maîtres aimés, ou d'assurer des volontés deux fois sacrées ; qu'il s'agisse de protéger l'innocence ou de défendre la faiblesse désarmée, c'est toujours la même vaillance qui, sans peur et sans reproche, s'en va où le devoir l'appelle.

« On a beau faire, il est une royauté qui s'impose, un sceptre qu'on ne brise pas, la royauté du dévouement, le sceptre de la charité ; et le peuple, qui a le sens des grandes choses, savait le cœur qui battait sous cette soutane de prêtre ; il savait qu'en marchant à sa suite il allait au devoir et au bonheur.

« A l'heure présente, notre Picardie s'honore en donnant une place d'honneur à l'un de ses Pontifes, qui fut une puissance municipale, St Geoffroy. Fils de cette Picardie qui donne à son évêque le titre de grand citoyen d'Amiens, j'ai bien le droit de vous dire, en vous montrant le vide qu'a laissé dans vos rangs ce cher défunt : « Il fut le grand citoyen de Bapaume. »

« Et qui donc pourrait refuser au prêtre le droit d'aimer son pays et de lui faire du bien ? Qui donc pourrait arracher de nos cœurs ce patriotisme ardent qui les fait battre ? Qui donc pourrait nous empêcher d'apporter au service du pays, notre intelligence, notre expérience des hommes et des choses, et les grandes lumières de la Justice qui fait les peuples heureux ? Voyez le curé de Bapaume s'intéressant à tout et prêtant au service du bien son cœur, son désintéressement, son travail, ses souffrances, sa vaillance : *Labora sicut bonus miles Christi.*

« Mais un jour vint, où le soldat blessé sentit ses forces le trahir. L'intelligence était toujours vive, l'âme encore ardente, le cœur toujours de feu ; mais le corps succombait, miné par des souffrances que les occupations et les préoccupations fiévreuses grandissaient encore.

« Sur ce champ béni, qu'il cultivait depuis dix ans avec tant d'amour et de succès, venait de passer un vent de tempête. Dieu permet de ces heures pour susciter les dévouements et pour former ses saints. A Dieu ne plaise que j'exprime des regrets et des récriminations ; je ne veux rappeler cette histoire que pour saluer la vaillance de Bapaume et l'héroïque fermeté de son pasteur.

« Ah ! qu'il tombe blessé sur ce champ d'honneur ; le bruit du marteau qui brise la porte de ses Frères, arrivant jusqu'à son lit d'agonisant, pourra bien briser aussi son cœur, mais non point le décourager. Il sait lui aussi que

« Le mal est un passant
« Le bien est éternel. »

« Et, s'enveloppant de recueillement, de foi et de silence, il regarde le ciel et attend vaillamment la mort, en disant comme Moreno : « Dieu ne meurt pas. » —

« C'est mourir bien jeune, disait-il un jour, je me sens encore de la vie pour vingt ans. Mais, si Dieu le veut, que sa volonté soit bénie ! » L'alarme grandit, l'heure approche, lui seul se sent toujours ferme. « Allons, disait-il plus tard, je ne sais pas si je mourrai de cette maladie ; je veux, en tout cas, me préparer, mais me préparer à fond ; car c'est en prêtre que je veux mourir. »

« La science et le dévouement redoublent d'efforts pour l'arracher aux étreintes de la maladie qui le tue. Efforts impuissants ! il faut bien se rendre à l'évidence. La mort n'est point là encore, mais elle vient. Le médecin, un soir, dit qu'il faut songer à l'Extrême-Onction : il ne répond pas de la nuit. A des malades comme celui-ci on n'a point à cacher la vérité ; on lui redit la parole du médecin : c'est assez. Il fait venir son confesseur. « On me prévient, lui dit-il, que je peux mourir cette nuit. Je ne le crois pas : mais je veux me mettre en règle. » Puis, vaillamment et à sa grande manière, il présente aux onctions de l'huile sainte ces mains qui avaient tant travaillé et tant béni et qui allaient bientôt se fermer à jamais.

« Quelle foi ! Quelle énergie d'âme ! Quelle vaillance du cœur dans cette dernière lutte ! Quelques heures avant la mort, on lui demandait une dernière bénédiction. Il fait un suprême effort pour se dresser sur sa couche, et, levant une main défaillante : « Oui, je vous bénis tous ; je bénis mon cher collège ; mes communautés religieuses ; je bénis toutes mes œuvres ; je bénis tout Bapaume, tout Bapaume, tout Bapaume. »

« Ce fut son dernier mot, il résume toute sa vie au milieu de vous.

« Ce mot béni, ô vénéré confrère, je le recueille avec amour sur vos lèvres expirantes, et, en quelque endroit que notre pensée vous rencontre aujourd'hui, eussiez-vous encore besoin de nos prières, vous êtes un puissant intercesseur.

« Dans ses luttes de géant, Judas Machabée, toujours battu et toujours revenant au champ d'honneur, vit un soir ses frères d'armes abattus par le découragement. Son âme fut brisée, et aussitôt, levant ses mains au ciel, il jeta ce cri d'alarme : « Seigneur, ayez pitié de nous. » Et le Grand-Prêtre Onias parut, étendant ses mains pour bénir et pour défendre. Et, à cette vue, la confiance et le courage se réveillèrent dans tous les cœurs.

« Nous aussi, aux heures terribles du découragement, présage de la défaite, nous referons le pèlerinage vers la tombe de notre vaillant, et, au souvenir de ses travaux et de ses luttes, au spectacle de ces mains toujours levées pour bénir, nos âmes puiseront la force de continuer le bon combat pour Dieu et pour l'Église. »

Pendant trois quarts d'heure, l'auditoire avait écouté religieusement cette parole vibrante, se prêtant à toutes les émotions que l'orateur faisait passer dans les âmes et revoyant, sous des traits d'une parfaite fidélité, celui que la mort a enlevé à son admiration et à son amour.

C'était l'heure de quitter l'église pour refaire au tombeau une visite solennelle. Chaque communauté, chaque groupe, avait à cœur, ayant repris la couronne offerte au jour des funérailles, de la porter à ce monument de piété filiale qui doit abriter tous les souvenirs. Les ouvriers, ces fidèles amis de M. Dollé, sont là encore : ils ont interrompu leur travail, si pressant en cette saison, pour renouveler, à celui qui les aimait, leur témoignage de reconnaissance. Les pauvres y sont aussi : un bon nombre même ont revêtu leurs modestes habits du dimanche ; ne sont-ils pas la plus glorieuse parure de cette cérémonie ? La fanfare du Collège, qui déjà s'est fait entendre à l'église, anime tout ce cortège de ses funèbres accents.

Le monument, en forme de chapelle, est en granit de Soignies et sort des ateliers de M. Collet, marbrier-sculpteur à Bapaume. A l'extérieur, deux colonnes à chapiteau roman, taillées dans le granit poli et produisant l'effet du plus beau marbre noir, supportent un fronton, dans le tympan duquel les principaux attributs du sacerdoce sont encadrés par une guirlande, tressée de feuilles de vigne, d'épis de blé et de fleurs de lys. Une grille en fer ouvragé donne accès dans la chapelle. A l'intérieur et sous le sol, se trouve le caveau dans lequel a été récemment placé le défunt.

Lors de l'exhumation, des amis ont ouvert le cercueil pour satisfaire leur piété en contemplant le corps une dernière fois : ils l'ont retrouvé, avec une indicible émotion, aussi intact que le jour où on l'y a déposé ; il est décharné, mais les traits restent bien marqués ; les mains sont jointes et le chapelet entrelacé entre les doigts ; nulle trace de décomposition ; aucune odeur désagréable.

Au fond de la chapelle, il y a un petit autel en marbre blanc : à sa base, la statue de Notre-Dame de Pitié ; au-dessus, le granit du monument taillé en forme de rétable ; on a l'illusion d'une plaque de marbre noir portant l'inscription suivante :

Ici repose
en attendant la résurrection
le corps de M. Pierre-Joseph Dollé
né a Créquy le 17 décembre 1834
ordonné prêtre le 17 décembre 1859
professeur au Petit-Séminaire d'Arras
curé de Monchy-Cayeux
vicaire général de Luçon
Curé-Doyen de Bapaume
depuis le 31 juillet 1878
chanoine honoraire d'Arras et de Luçon
appelé a Dieu le 20 mars 1888
la reconnaissance et l'amitié lui ont élevé ce monument
souscription publique, Bapaume, mars 1888

R. I. P.

Au sommet du rétable, un calice en marbre blanc se détache sur le fond noir. Les parois latérales, percées de deux petites fenêtres ogivales, sont chargées de couronnes mortuaires, les unes d'une grande richessse, d'autres plus modestes, toutes offrant les inscriptions les plus touchantes. Qu'on en juge par celle des Servantes de Marie :

O père vénéré, ô bienfaiteur incomparable,
Recevez nos regrets et notre éternelle reconnaissance.
Les orphelins de N.-D. de Pitié et leurs Mères,
Les Servantes de Marie.

Quand les prières de la bénédiction eurent été dites, M. Deusy, conseiller général pour le canton de Bapaume, rendit un dernier hommage au défunt en ces termes :

« Messieurs,

« Après le panégyrique qui vient d'être prononcé dans votre église par un prince de la parole, après les discours éloquents que vous avez entendus l'an dernier aux funérailles de votre regretté doyen, après cette manifestation spontanée des magasins de votre ville se fermant en signe de deuil sur le passage de son convoi, après les témoignages sans nombre que nous voyons encore aujourd'hui et le cortège sans fin d'œuvres pieuses qui nous accompagne ici, que me reste-t-il à dire pour honorer la mémoire de M. l'abbé Dollé ?

« Il faut cependant que je parle, que je lui dise un dernier adieu. C'est un devoir de conscience, de reconnaissance, un devoir d'ami que j'ai à remplir, un devoir qui m'incombe, non seulement par le vœu de la famille, mais comme conseiller général, comme représentant du canton et de la ville de Bapaume où cet homme de cœur a fait tant de bien.

« Et je suis heureux d'être soutenu en ce moment par toutes vos sympathies, et par le concours de votre vénérable doyen, si digne de succéder à celui que nous pleurons et de continuer des traditions qui éclairent et dirigent sa marche dans l'avenir.

« Messieurs,

« Rappelez-vous dans quelle situation nous étions à Bapaume avant l'arrivée de M. l'abbé Dollé. Le pays avait eu à subir l'invasion prussienne pendant trois mois, avec toutes ses tristesses, ses désastres et ses ruines.

« Un enfant de Bapaume, un grand évêque dont le nom (je viens d'en avoir la preuve dans mes voyages), est connu et révéré par toute la France, Monseigneur Lequette, toujours préoccupé des destinées de sa ville natale, désigna l'abbé Dollé comme votre nouveau doyen. « Allez, lui dit-il, et faites à Bapaume tout le bien que je voudrais y faire moi-même. »

« M. Dollé partit, résolu à remplir toute sa mission. Mais comment faire? Le pays a été ravagé ; il est à bout de ressources et de sacrifices. Comment faire pour réaliser le vœu du saint évêque ?

« M. Dollé se met à l'œuvre. Il n'a personnellement qu'une fortune bien modeste. Eh bien ! il y puisera quand même, au besoin. Il ne reculera devant aucune activité, devant aucun sacrifice. Il y avait à Bapaume une vaste caserne, abandonnée comme un corps sans âme, depuis que le génie militaire avait déclassé votre place. Cet édifice désert projetait la tristesse et la solitude sur tout un quartier. M. Dollé s'en empare, et voilà bientôt les premiers occupants, les Servantes de Marie et leurs enfants, pourvus d'une magnifique installation dans une partie du bâtiment.

« Aidé d'un de vos concitoyens dont le concours apparaît, depuis quarante ans, dans tout ce qui se fait de bon et d'utile à Bapaume, j'ai désigné M. Aimé Théry, entouré d'ouvriers intelligents et dévoués qui comprennent son cœur et sa pensée, il se fait architecte, entrepreneur, bâtisseur. Une transformation s'opère à l'intérieur de cette caserne vide; les fenêtres s'ouvrent ou s'agrandissent ; de larges et commodes aménagements s'établissent; de vastes réfectoires qui rappellent ceux de la Grande-Chartreuse, une élégante chapelle qui rappelle celle de Dommartin, remplacent les écuries désertes. Mais, prodige plus grand encore ! on entend dans les cours les cris joyeux de 160 élèves !

« Le collège de Bapaume est fondé ! Il vit, il est prospère, alors que tant d'autres, si richement subventionnés, végètent et meurent autour de nous !

« Ce collège, Messieurs, qui fait revivre une des gloires de votre cité, ce collège qui rayonne au loin, qui réunit l'élite de la jeunesse, non seulement de Bapaume et des alentours, mais, on vous l'a dit tout à l'heure, de l'arrondissement d'Arras et des départements voisins, c'est à la collaboration puissante et généreuse de Monseigneur Lequette et de M. l'abbé Dollé que vous le devez. Ce collège, c'étaient, faut-il le dire, la vie et la prospérité qui rentraient dans Bapaume.

« La justice ne serait pas complète, si, à ces deux noms vénérés, je n'ajoutai pas celui de l'abbé Vasseur, de l'éducateur, du maître si distingué, à qui le collège doit sa fortune et ses incomparables succès.

« Votre population ne s'y est pas trompée. Elle a vu dans son doyen le bienfaiteur de la ville et le protecteur de l'enfance. L'éducation, la science et l'instruction religieuse, répandues dans toutes les classes de la société, tel a été, en effet, l'objectif de toute sa vie.

« Vous savez tout ce qu'il a consacré de persévérance et d'activité au développement et au maintien de vos écoles, et particulièrement à l'enseignement des Sœurs de la Charité et des Frères de la Doctrine chrétienne. N'est-ce pas lui qui a retrouvé, au prix de bien des recherches, le titre fondamental des droits acquis de ces pauvres Frères, si légitimement populaires parmi vous ?

« Tout cela, Messieurs, je vous le demande, est-ce de la politique ?

« On l'a dit. On a représenté M. Dollé comme l'homme d'un parti. Qui ne voyait pourtant, qui ne voit aujourd'hui que son seul drapeau était le drapeau du devoir, du vrai patriotisme, de l'éternelle justice, et que s'il a organisé la résistance à des actes que sa conscience de chrétien réprouvait, il l'eût fait avec le même zèle, avec la même énergie, contre toute autre administration, contre tout autre gouvernement qui fût venu attaquer les œuvres de son cœur et de sa foi.

« Après tant de labeurs, il avait assurément droit au repos, aux honneurs, s'il les eût ambitionnés. Eh bien, non, Messieurs, il ne songea pas un instant à s'arrêter dans sa carrière. Fidèle à la promesse qu'il avait faite, en acceptant son poste, au grand évêque, à votre glorieux concitoyen, il consacra tout ce qui lui restait de force et de vie à Bapaume, « *à tout Bapaume* », sa dernière et sublime parole.

« Et sa mort fut un grand deuil pour cette patrie qu'il avait adoptée, où il avait dépensé, pendant dix ans, tout ce dont il pouvait disposer, pour ce peuple dont je voyais, tout à l'heure encore, couler les larmes en sortant de l'église.

« M. l'abbé Dollé avait les trois grandes qualités qu'on aime ici par-dessus tout et qu'on ne saurait trop louer et trop recommander : le courage, la persévérance et la charité. Rien ne l'arrêtait quand il s'agissait de faire le bien, de mener à fin une de ces œuvres qui ont été l'espérance et qui seront l'honneur de sa vie. En doublant son énergie et sa force, les chocs qu'il a subis ont grandi sa puissance morale et son autorité, en même temps que notre affection et notre reconnaissance.

« Aussi, Messieurs, vous avez bien fait ; vous avez répondu au sentiment de tous, en élevant ici, à la mémoire de votre vénéré doyen, ce monument impérissable, chef-d'œuvre de l'un de vos concitoyens, ce monument qui perpétuera son souvenir parmi ceux qu'il a tant aimés.

« Pleurez, Messieurs, pleurez longtemps cet homme de cœur (*cordis homo*, comme dit l'apôtre), mais ne le cherchez pas parmi les morts, car il n'est pas mort tout entier. La meilleure part de son être, sa grande âme, survit dans toutes ces fondations pieuses, utiles et charitables, qu'il a créées, développées et maintenues dans notre ville.

« Ne cherchez pas parmi les morts celui dont L'AME IMMORTELLE S'EST ENVOLÉE AVANT LE SOIR DE LA VIE, à 54 ans, alors qu'il était encore plein de jours !

« Il a été suivi de ses œuvres, loin des infirmités et des tristesses humaines, et Dieu l'a admis dans le lieu de lumière et de paix, où il priera toujours pour ses œuvres et pour la ville de Bapaume (1). »

(1) Nous voulons achever de faire connaître les adversaires de M. Dollé, à Bapaume :

« Nos lecteurs savent peut-être que les amis de l'ancien doyen lui ont élevé, avec l'argent de ceux qu'ils tiennent dans leur dépendance, un monument funèbre, où ils viennent de faire transférer sa dépouille mortelle, au mépris de sa volonté formellement exprimée. C'est jeudi qu'en a été faite l'inauguration. Les curés du canton, quelques femmes, des groupes de bambins et de bambines, et à peu

La dernière cérémonie était terminée, et les cœurs, toujours sous le poids des regrets, emportaient du moins la satisfaction d'avoir honoré, selon leur pouvoir, une mémoire digne de tous les hommages. Le monument funéraire, dont la pierre de granit s'harmonise bien avec les sentiments de deuil qu'il a mission de redire, défie, par sa solidité, les ravages du temps et portera aux âges futurs le nom de M. Pierre Dollé, doyen de Bapaume.

près quinze réactionnaires de notre ville se pressaient autour du révérend père Deusy, qui pontifiait ce jour-là.

Le digne homme s'était mis en frais d'éloquence, et c'est sur le mode solennel qu'il prononça une oraison funèbre, à laquelle Bossuet n'a rien à voir. La main levée vers le ciel, et parlant à la terre, il s'écria : « Il est là cet homme qui..... cet homme que..... cet homme dont..... » Nous n'avons pas entendu la fin ; mais nous la devinons, sans doute : « Cet homme qui m'a donné un bon coup d'épaule aux « dernières élections. Laissez-le où il est, et honorez sa mémoire en « me conservant mon siège de conseiller général. Ainsi soit-il ! »

Pauvre cher homme ! en être réduit à parler dans un cimetière pour des femmes et des enfants ! Hélas !

(*Gazette* du 26 mai 1889.)

TABLE DES MATIÈRES

ARRAS. — IMP. P.-M. LAROCHE, RUE D'AMIENS, 41-43.

www.ingramcontent.com/pod-product-compliance
Ingram Content Group UK Ltd.
Pitfield, Milton Keynes, MK11 3LW, UK
UKHW021144260726
13994UKWH00001B/292

9 782329 554679